문화융합총서 001

인성교육,
인문융합을 만나다

장영란 · 장동익 · 정낙림 · 서동은 · 임헌규
정상봉 · 김현수 · 전종윤 · 이필원 · 손혜숙

2부 인성교육의 원리와 교육

3부 인성교육의 현실과 적용

서문

인성교육은 인간의 본성을 어떻게 규정할 것인가의 문제와 매우 밀접한 관계를 갖는다. 인간의 본성에 관해 크게 두 가지 관점으로 이해할 수 있다. 하나는 인간이란 이기적인 동물 그 이상도 이하도 아니라는 관점이고, 다른 하나는 인간은 선천적으로 도덕법칙이 부여되어 있다는 의무론적 관점이다. 전자에 따를 경우 인간의 변화 가능성이 원천적으로 차단되어 있기 때문에 인성교육은 극히 제한적이거나 불가능할 수 있다는 입장을 반영하고, 후자의 경우 인간에게 선천적으로 부여되어 있는 도덕성이 잘 드러날 수 있도록 욕구를 조절하거나 통제함으로써 인간의 도덕적 본성이 잘 드러날 수 있도록 한다는 입장을 반영한다. 그런데 지금까지 대부분의 인성교육의 방향은 인간의 변화가능성 이라는 측면에서 후자에 초점이 맞추어져 왔다. 하지만 인성교육이 전자의 측면을 부정하거나 애써 외면할 경우 인간의 본성을 반영한 논의라고 보기는 어려울 것이고, 그런 점에서 현실을 반영한 인성교육이 될 수 없다는 점에서 실패할 가능성이 매우 높다. 이번 한국문화융합학회 총서시리즈 첫 번째 주제인 '인성교육'에서는 그 실패의 가능성을 최소화시키기 위한 연구의 결실을 담고 있다.

『인성교육, 인문융합을 만나다』는 크게 '인성교육의 개념과 철학', '인성교육의 원리와 교육', '인성교육의 현실과 적용' 등 세 부분으로 구분된다.

〈제1부 인성교육의 개념과 철학〉에서는 인성교육 개념에 대한 논란을 분석하고 다양한 인성교육의 철학관을 검토하였다. '인성교육의 성품의 탁월성과 실천적 역량강화'에서는 인성교육법에서 인성교육 개념의 불명확성과 세부목표의 적절성을 분석한 후, 아리스토텔레스의 성품의 탁월성과의 연관성을 심층적으로 검토하면서 좋은 삶을 살만한 기본 역량을 강화할 필요성을 강조한다. '덕윤리의 인성개념과 인성교육의 모형'에서는 기존의 윤리 이론들의 한계를 지적하며 덕윤리의 관점에서 성품함양을 위한 목표를 위한 인성교육의 모형으로 발전모형을 토대로 사용설명서 모형을 제시한다. '니체의 아곤 개념과 인성교육'에서는 니체가 자연성 회복을 목표로 하는 그리스의 아곤(agon) 개념을 통해 현대의 생존이나 재화를 목표하는 약탈적 경쟁과는 달리 개인의 능력을 최고로 고양시키는 교육을 주장한다. '하이데거의 교육개념과 인성교육의 존재론'에서는 인공지능과 인성교육의 접근방식의 한계를 지적하고 하이데거의 해체론에 기초하여 한국에서의 인성교육 접근방식이 가지는 이원론적 사고방식과 규격화된 교육과정에 대해 분석한다.

〈제2부 인성교육의 원리와 교육〉에서는 인성교육의 기본 원리가 되는 요소들을 동아시아 사상에서 찾아보고자 한다. '인성교육과 유가의 성학 이념과 교육론'에서는 유가의 성학(聖學) 개념을 중심으로 인성교육의 기본 원리를 설명한다. 특히 유가가 시(詩), 예(禮), 악(樂)을 중심으로 진정한 인간다움을 구현하고자했으며, 주요 교육 방법과 원리로 '자기계발', '자기정립', '자질에 따른 교육', '인식의 체득과 실천', '중용 추구'등을 제시한다. '유가의 인성교육과 사람다움'에서는 유가철학에서 "인간다움"을 중심으로 한 인간의 본성에 대한 논의들을 검토하고, 특히 인성교육의 실천 방법으로 타자에 대한 존경과 배려에 기초한 "서"(恕)를 통해 윤리적 주체로서의 자존감을 확보할 수 있다고 주장한다. '도가철학과 홀리스틱 인성교육'에서는 도가철학의 인성교육의 단초를 홀리스틱 인성교육과 연계하여 공통적인 세계관을 찾아내고 있다. 인성교육의 단서를 "공존감"에 두고 노장철학에서 전체성, 상호성, 평등성의 원리로 핵심적인 교육의 이상을 설명한다.

〈제3부 인성교육의 현실과 적용〉에서는 인성교육을 현실에서 적용하기 위해 시도한 다양한 논의들을 소개한다. '내러티브 접근법과 연극놀이를 통한 인성교육'에서는 인성교육의 새로운 교육방법론을 제시하기 위해 내러티브 접근법과 연극놀이를 활용한 수업 방안을 활용하여 실제로 긍정적인 교육효과를 얻을 수 있다고 주장한다. '대학 인성교육 프로그램과 콘텐츠'에서는 대학교양과목에서 인성교육프로그램과 콘텐츠를 적용하였던 결과를 통해, 특히 대학 이념에 적합한 인성교육의 목표를 설정하여 어떻게 시행되었는지를 구체적으로 보여주고 있다. '대학 글쓰기와 인성 교육'에서는 인성함양에 핵심 개념을 공감으로 잡고 자기 서사적 글쓰기의 '도입-상상하기-공감하기-위로하기'단계를 설계하여 실제로 적용한 과정과 결과를 설명하고 있다.

이 책은 한국문화융합학회에서 기획하여 발표된 글들과 총서시리즈 발간을 위해 요청한 글들을 엄선하여 만든 성과물이다. 이 책이 나오기까지 '인성교육' 관련 기획주제를 잡고 연구결과들을 상호 유기적으로 검토하여 결실을 맺도록 해준 우리학회 연구이사인 장영란 교수님께 깊은 감사를 드린다. 또한 인문학 관련 출판을 기피하고 있는 어려운 현실에도 불구하고 이 책이 세상에 나올 수 있도록 계기를 마련해주고 최선을 다해 협조해주신 연경문화사 이정수 대표께 깊이 감사를 드린다.

2019.12.
한국문화융합학회장 홍 병 선

1부
인성교육의 개념과 철학

인성교육의 성품의 탁월성과
실천적 역량 강화

1. 인성교육의 공론화

한국사회는 근대라는 격동기를 일제에 의해 강점당하고 전쟁의 파괴 속에서 단지 생존을 위해 노동을 하다 보니 성찰하는 인간으로서 반성적 계기를 충분히 갖지 못했다. 현대에는 한국의 전통적 가치들은 순식간에 망각되어버렸고, 기존의 윤리적 근간은 이미 뿌리째 흔들리고 있다. 한국 사회에서 벌어지는 너무나 잔인하고 냉혹한 범죄들은 상상을 초월한다. 더욱이 학교 사회 안에서도 남학생이나 여학생 불문하고 친구들 간의 집단 폭력도 자주 일어날 뿐만 아니라 선생님과 학생들 간의 성희롱이나 폭력 사태도 만만치 않게 일어나고 있다. 한국사회가 직면한 다양한 문제들에 대한 대책으로 2015년 '인성교육진흥법'이 법률로 제정되어 시행되고 있다.[1] 사실 국가공동체에서 '교육'이란 궁극적으로 인간에 대한 것이고, 학문은 인간의 본성에 토대를 두고 있다.

최근 대학에서도 본격적으로 인성교육이 확산되면서 주요 개념의 정의와

---

1) 법률 제13004호 제정 2015. 1. 20 [시행일 2015. 7. 21]; 법률 제14396호 일부개정 2016. 12. 20 [시행일 2016. 12. 20]; 법률 제15233호 일부개정 2017. 12. 19 [시행일 2018. 6. 20].

방법적 논의들이 양산되고 있다. 이 글은 인성교육의 기본 개념과 목적에 대한 전면적인 재검토를 통해 고대 그리스 철학에서 원형적인 개념과 원리를 찾아보려는 목적을 가진다. 그리하여 인성교육을 다음과 같이 크게 세 가지 관점에서 다뤄보고자 한다. 첫째, 현행 '인성교육진흥법'에서 규정하는 제1조 인성교육의 목적과 제2조 인성교육의 정의를 분석하여 양자 간에 인성교육의 개념이 확연히 달리 사용되었다는 것을 밝히고자 한다. 나아가 한국에서 인성교육을 어떻게 정의되고 사용되는지를 검토한 후에 인성교육의 방향성에 대해 논의하고자 한다. 둘째, 현대의 인성교육의 개념에 대한 논의가 아리스토텔레스의 성품의 탁월성 개념과 얼마나 연관성이 있는지를 살펴보도록 할 것이다. 셋째, 인성교육은 궁극적으로 행복한 삶을 목표로 하는 인간성 계발 또는 인간의 탁월성 계발과 밀접하게 연관된다는 것을 논하고자 한다.

2. 인성교육진흥법의 인성 개념의 차이

인성교육진흥법 제1조 '목적'은 "이 법은 「대한민국헌법」에 따른 인간으로서의 존엄과 가치를 보장하고 「교육기본법」에 따른 교육이념을 바탕으로 건전하고 올바른 인성을 갖춘 국민을 육성하여 국가사회의 발전에 이바지함을 목적으로 한다."라고 명시되어 있다. 사실 이 법의 목적으로 예상되는 조항들, 즉 "인간으로서의 존엄과 가치를 보장"하고, "올바른 인성을 갖춘 국민을 육성"하는 것이 주축을 이룬다. 이러한 교육을 통해서 궁극적으로 "국가사회의 발전에 이바지"하는 이 법의 목적 자체는 사실 너무 일반적이기 때문에 이론의 여지가 없다.

그럼에도 불구하고 인성교육이 2015년 이후 지속적으로 논란이 되고 있는 것은 구체적으로 세부적 교육 목표나 과정 및 평가 등에 문제적 요소들이 산

재해있기 때문이다. 한국 외에도 다른 국가에서도 인성교육과 유사한 교육이 있다. 왜냐하면 인성교육은 국가공동체 교육의 주요 목표와 직결되기 때문이다. 그런데 한국의 인성교육의 문제는 제1조의 '목적' 자체보다는 제2조 '정의'에서 발견된다. 인성교육진흥법 제2조에는 인성교육의 세부 목표들과 기본 개념들을 정의하고 있다. 인성교육진흥법 제2조1항에서 인성교육의 정의는 다음과 같이 제시되고 있다.

> "인성교육이란 자신의 내면을 바르고 건전하게 가꾸고 타인, 공동체, 자연과 더불어 살아가는 데 필요한 인간적인 성품과 역량을 기르는 것을 목적으로 하는 교육을 말한다."(제2조1항)

엄밀히 나는 〈인성교육진흥법〉에 규정된 제1조와 제2조의 '인성'이라는 개념이 일치하지 않는다고 판단한다. 제1조에서 인간으로서의 존엄과 가치를 보장하고 건전하고 올바른 인성을 갖춘 국민을 육성한다고 할 때, '인성'은 전체적 맥락에서 humanity나 personality에 가까운 폭넓은 개념으로 정의되는 것처럼 보인다. 그렇지만 제2조에서 인성 개념은 character, 즉 인간의 성품에 근접해 있다.

최근 현대사회의 변동과 관련하여 교육의 문제에 관심을 갖고 특히 인간성(humanity) 개념에 주목한 학자는 누스바움(Nussbaum, M.)이다. 그녀는 시민교육을 위한 '인간 계발 패러다임'(Human Development Paradigm)에 참여하면서 시민교육에 있어서 '인간성' 계발의 중요성을 강조한다(Nussbaum2010:24-25). 현대사회에서 인간성을 계발하기 위해 필요한 능력을 누스바움은 다음과 같은 세 가지로 제시하고 있다(Nussbaum1997:9-11). 첫째, 자기 자신과 자신의 전통을 이성적으로 판단하고 비판적으로 성찰하는 능력이다. 둘째, 타자를 인정하고 타인의 삶에 관심을 갖고 상호 결합되어 있는 것으로 바라보는 능력이다. 셋째,

삶에 영향을 미치는 다양한 문제들을 타자의 입장에서 타자의 감정과 소망과 욕망을 이해하는 데 필요한 서사적 상상력이다. 전체적으로 누스바움은 인간성 계발을 구체적으로 실행하는 데 비판능력과 공감능력 및 서사적 상상력 등을 훈련시키는 것이 중요하다고 제시한다.

누스바움이 제시하고 있는 인간성 계발의 세 가지 능력은 '개인교육'과 '시민교육'의 목적으로 균형 있게 제시되어 있다. 물론 그녀는 현대사회에서의 세계시민으로서 인간성 교육에 역점을 두고 있지만, 일차적으로 자기성찰을 기반으로 하고 있다. 한국이 〈인성교육진흥법〉을 제정하고 시행하는 것도 시민교육의 일환이다. 한국의 〈인성교육 진흥법〉 제1조의 목적은 너무 일반적이어서 명확한 특징이 드러나지 않는다. 그렇지만 개인 교육과 공동체 교육이라는 두 가지 세부적 측면은 분명히 나타난다. '개인적 교육'의 측면으로서는 "인간으로서의 존엄과 가치를 보장"(제1조)하고, "자신의 내면을 바르고 건전하게 가꾸는" 것(제2조)이고, '공동체의 시민교육'의 측면과 관련해서는 "올바른 인성을 갖춘 국민을 육성"(제1조)하고, "타인, 공동체, 자연과 더불어 살아가는 데 필요한 인간적인 성품과 역량을 기르는 것"(제2조)이다. 따라서 한국의 인성 교육도 개인적 삶의 질을 향상시키는 목표뿐만 아니라 공동체의 삶을 영위하는 데 필요한 것을 길러내려는 목표도 가지고 있다.

사실 한국어로 '인성'은 〈인성교육진흥법〉 제1조의 정의와 관련된 '인간성'humanity이나 인격personality 등의 개념으로 규정하고 있는 것으로 판단된다. "인간으로서의 존엄과 가치"라는 표현과 "올바른 인성을 갖춘 국민"이라는 표현은 넓은 의미의 '인간성' 개념에 훨씬 유사해 보인다. 그렇지만 제2조에서 인성 개념은 character, 즉 인간의 성품에 근접해 있다. 제2조의 인성을 구성하는 주요 개념들은 인간적인 '성품'과 '역량'이라 할 수 있다. 따라서 제1조의 인성 개념에 비해 훨씬 협소하게 정의된 것을 알 수 있다. 그리하여 인성 교육의 목표는 "예(禮), 효(孝), 정직, 책임, 존중, 배려, 소통, 협동 등 마음가짐이나 사람됨과 관련된 핵심적 가치 또는 덕목"(제2조2항)을 말한다. 나아가 인성교육에서 중시하는 "핵심 역량"이란 다음과 같이 제시된다. 그것은 "핵심 가치, 덕목을 적극적이고 능동적으로 실천 또는 실행하는 데 필요한 지식과 공감, 소통하는 의사소통 능력이나 갈등해결능력 등이 통합된 능력"(제2조3항)을 말한다.

2.1 '인성'교육의 범위와 방법의 문제

교육부에 보고되는 인성교육 보고서나 사례집은 특정한 내용으로 획일화되는 양상을 보인다. 기존의 인성교육은 "정서교육, 도덕생활교육, 그리고 가치 내면화교육"의 방향으로 이루어진다(금교영2004:37). 이러한 규정은 인성교육의 범위와 방향을 개인적 차원에 국한시켜 매우 협소하게 만든다. 우선 '인성'의 개념을 어떻게 정의하느냐에 따라 교육의 범위가 달라질 수 있다. 즉 인성교육 개념에서 '인성'이 humanity나 personality 및 character 등 어떤 것을 지시하느냐는 논란의 대상이 된다. 더욱이 '인성교육진흥법' 제1조와 제2조에서 인성 개념의 규정이 달라졌기 때문에 '인성' 개념에 대한 논란의 원인이 되었다.

일단 '인성교육진흥법'에 의거하면 인성교육 개념으로 '인간성', '인격', '성품' 등 세 가지를 모두 포괄할 수 있다. 인성은 '성품'(character)의 개념과 유사하게 이해되었다. character는 그리스어로 에토스(ethos)에서 유래한다. 일단 humanity나 personality와 같은 용어들과 달리 '가치지향적인' 의미를 가지고 있었기 때문에 채택된 것으로 보인다(손경원2016a:110). 기본적으로 8대 핵심 덕목들인 '예(禮), 효(孝), 정직, 책임, 존중, 배려, 소통, 협동' 등은 모두 가치지향적인 특성을 가진다. 사실 이러한 덕목들은 아리스토텔레스의 성품의 탁월성과 매우 밀접한 관계가 있다. 또한 한국사회에서 전통적으로 중시되던 도덕적 성품과 연관된다. '인성교육진흥법' 제2조1항에서도 개인의 차원과 공동체의 차원에서 핵심덕목들을 함양하는 것을 주목적으로 삼고 있다.

그래서 국내에서 인성교육은 기존의 도덕교육과의 관계에서 검토되기도 한다. 실제로 도덕 교육에서 주로 이루어지는 교과내용이 인성교육으로 발전되는 경우가 많다. 엄밀히 도덕교육은 어원상으로 인성교육과 기원상 다르지 않는 측면이 있다. 그러나 전통적으로 '도덕교육'(moral education)은 도덕현상을 이해하기 위해 우리가 사용할 뿐만 아니라 도덕적 인간을 탁월하게 사유하는 존재로서 정의하는 해석이나 전략과 관련되어 있다. 반면에 '인성교육'(character education)은 도덕적 인간의 전제조건으로서 습관과 성향을 발전시키는 것을 강조한다(Walker,D.I. & Thoma, S.J. 2017). 만약 그렇다면 현 '인성교육진흥법'의 인성 개념은 도덕교육과 일부 공유되는 점은 있지만 인성교육 쪽에 훨씬 근접해있다.

인성에 일차적으로 근접한 영어 번역어는 humanity라 할 수 있다. 그렇지만 휴머니티를 특정한 프로그램을 만들어 교육시키는 것은 쉽지 않다.[2] 더욱이 인간성에 대한 교육은 기존 교육의 내용에 기본적으로 포함되어 있다. 그러므로 다시 독립적인 교육프로그램으로 만들어 교육시킬 필요성이 있는지는 재고할 필요가 있다. 한국 '인성교육진흥법'의 배경을 본다면 인성교육은 시민교육의 차원에서 구체적인 목표를 갖고 제정된 것이다. 그렇지만 휴머니티 자체에는 특별한 가치 지향적 요소가 포함된 것은 아니며, 일반적이고 추상적인 특징이 강하다. 실제로 '인성교육진흥법'에서도 일반적인 목적을 말할 때는 humanity에 가까운 의미로 사용하고, 세부적인 목표를 말할 때

---

2) 인간성(humanity)을 사랑과 친절 등과 연관된 덕(virtue)의 일종으로 보기도 한다. Peterson, Christopher; Seligman, Martin E.P., *Character Strengths and Virtues: A Handbook and Classification*. Oxford University Press, 2004, p.34.

는 character education에 가까운 의미로 사용하고 있다. 현재 '인성교육진흥법'을 제정한 목적에 적합한 교육내용이 구성되기 위해서는 좀 더 구체적인 의미의 인성교육(character education)에 초점을 맞출 필요가 있다고 생각된다. 그렇다면 인성교육에 대한 정확한 정의를 재검토해볼 필요가 있다.

2.2 인성교육의 핵심 가치들의 대표성 문제

인성교육의 8가지 핵심가치들이나 덕목들이 '대표성'이 있는지도 문제가 된다. 〈인성교육진흥법〉 제2조2항에서는 인성교육의 핵심 가치나 덕목을 8가지로 제시한다. 그것은 "예(禮), 효(孝), 정직, 책임, 존중, 배려, 소통, 협동 등 마음가짐이나 사람됨과 관련된 핵심적 가치 또는 덕목"(제2조2항)을 규정하고 있다. 물론 여기서 제시한 8가지 핵심 덕목들은 전통적으로 중요하게 여겨졌던 덕목들 가운데 속한다. 그러나 가장 심각한 문제는 8가지 핵심 가치들이나 덕목들이 인성교육의 구체적인 목표가 되어버리게 되면서 인성교육의 핵심덕목의 범위가 매우 협소해졌다는 것이다. 물론 인성교육을 사례로 들고 있는 핵심가치와 덕목들을 인성교육의 성취목표로 삼는 것도 문제이다. 그렇지만 이미 법률상으로 대표성을 부여하였기 때문에 실제로 인성 교재나 교과서를 만드는 경우에 구체적인 목표로 삼을 수밖에 없다. 그래서 일반적으로 제2조2항의 핵심가치들은 8대 핵심인성가치로 수용되고 있다.

일단 전통적 유교 가치인 예와 효는 현대 한국사회의 문제들로 제시되는 노인문제나 공공질서와 관련해서 특별히 부과된 가치나 덕목으로 보인다. 물론 예와 효는 매우 중요한 덕목이기는 하지만 기존에 우리사회에서 교육에 실패한 대표적인 덕목들이다. 그것들이 상호적이지 않고 일방적인 덕목으로 인식되어 주입되고 훈련되었다. 따라서 예와 효의 경우에 획기적인 교육방법이 창안되지 않는 한 동일한 유형의 실패를 반복할 가능성이 높다. 만약 동양철학에서 특별히 예와 효를 핵심가치로 선택한 이유가 현대 한국사회의 문제에서 유래되었다고 해도 이는 매우 협소한 개념이다.

실질적으로 예와 효에 대한 교육은 인(仁)에 대한 교육을 전제해야 한다. 인은 예와 효에 토대가 되고 상호적이기 때문이다. 공자는 예나 악을 아무리 훌륭하게 실천하더라도 인에 기초하지 않으면 소용이 없다고 한다(『논어』3:3).[3] 기본적으로 효(孝)와 제(悌)는 인(仁)을 실천하는 원리이다(『논어』1:2)[4] 나아가 예도 인의 실천 원리로서 "자신을 극복하고 예로 돌아가는 것이 인이다(克己復禮)"(『논어』12:1)라 말한다. 궁극적으로 인은 다른 모든 덕들의 근거이자 최종목표로서 말해지기 때문에 인을 말하지 않고 효와 예를 말할 수 없다(임현규2016:86). 그러므로 인에 대한 기본적인 이해와 훈련이 없이 예와 효 교육을 한다는 것은 적절하지 않다. 더욱이 인(仁)은 성품의 주요 원리가 되기 때문에 매우 중요하다. 동양의 주요 가치들인 예와 효를 말하면서 그것들의 토대가 되는 '인'을 핵심 덕목에 포함시키지 않은 것은 동양철학 쪽의 가장 핵심적인 덕목들을 선별하는 데에 문제점을 노출하고 있다.

또한 서양철학 쪽의 가치 중에서도 '용기'나 '절제' 및 '정의' 등과 같은 개념이 핵심 덕목들에 포함되지 않았다. 플라톤이 핵심 덕목들로 제시하는 전통적인 4주덕(cardinal virtues) 중에서 용기, 절제, 정의 등의 탁월성들은 인간의 성품과 매우 밀접하다. 물론 나머지 덕인 '지혜'는 세 가지 덕들의 기초가 되지만 인성 교육(character education)에 초점을 맞춘다면 잠정적으로 제외할 수 있다. 하지만 아리스토텔레스도 성품의 탁월성이라고 말하는 용기, 절제, 정의는 서구 전통에서 볼 때 완전히 제외시키기는 어렵다. 따라서 이러한 종류의 성품의 탁월성들이 제외되었는지에 대한 이유나 설명은 반드시 필요하다고

---

3) "人而不仁, 如禮何? 人而不仁, 如樂何?"

4) "孝弟也者 其爲仁之本與."

할 수 있다.

현재로는 아무리 8가지 핵심가치와 덕목에 대해 이해하고 수용하려 해도 정말 최선의 필수 덕목들이라 보이지 않는다. 서로 전공영역이 다른 동서양의 학자들이 제안한 덕목들을 단순 조합한 것으로 보이기 때문이다. 전체적으로 8가지 핵심덕목들 간에 상호연관성이 명료하게 나타나지 않는다. 사실 〈인성교육진흥법〉에 핵심 가치와 덕목에 대한 선별 기준이나 근거가 제시되어야 하는데도 전혀 언급이 없다. 최초에 핵심 가치나 덕목을 제정했던 목적이나 의도는 신중하고 진지한 협의의 과정을 거쳤을 수 있다. 하지만 〈인성교육진흥법〉에 현재 8가지로 정한 핵심 가치와 덕목의 적절성을 납득할 수 있는 논리적 판단 근거를 제시할 필요가 있다. 왜냐하면 현재 시행되는 인성교육이 적절히 교육되었는지를 평가하는 기준들로 핵심 가치나 덕목이 제시될 가능성이 높기 때문이다. 만약 그렇다면 인성교육과 관련된 교재나 프로그램들이 어떤 방식으로든 8가지 핵심가치나 덕목을 염두에 두고 만들어질 수밖에 없다. 따라서 교육현장에서의 인성교육은 구체적으로 제시된 8가지 핵심가치나 덕목에 국한되어 실시될 가능성도 없지 않다.

2.3 인성교육의 평가 방식

인성교육이 법률로 제정되어 시행된다면 교육의 절차상 평가 문제가 나오지 않을 수 없다. 인성교육 프로그램이 지원을 통해 이루어지기 때문에 그것이 성공적으로 수행되었는지를 진단하기 위한 평가는 필수적이라고 생각한다. 일반적으로 교육 평가에는 피교육자의 변화를 측정하는 '결과 평가'와 프로그램 실행과정을 측정하는 '과정 평가'가 있다(손경원2016b:61). 사실 과정평가는 프로그램이 올바르게 실행되었는지를 평가하는 것이라 설문조사나 체크리스트 및 인터뷰 등을 통해서도 충분히 확인할 수 있다. 그래서 과정평가 자체를 문제 삼기는 어렵다. 문제는 피교육자가 인성교육을 통해 어떻게 변화되었는지를 평가하는 결과평가이다. 인성교육이 시행될 때 결과평가와 관련하여 고려되어야 할 사항들이 있다.

현재 교육체제에서 인성교육의 목표가 얼마나 성취되었는지를 평가하기 위해 핵심가치나 덕목을 계량화하는 오류를 저지를 수 있다. 만약 그렇다면 인성교육을 평가한다는 것이 오히려 인성교육 자체를 왜곡시킬 수도 있다. 우선 인성교육은 인지 교육과 달리 해당 영역에 대한 평가가 정확하게 나오기 어렵다. 인지교육은 해당 지식에 대해 정확하게 이해했는지를 측정하기 위한 산술적 평가가 어느 정도 가능하다. 그러나 인성교육은 해당 지식이 아니라 가치에 대해 측정하는 것이기 때문에 산술적 평가를 하기는 어렵다. 이러한 이유로 특정 평가 도구를 가지고 인성교육에 대한 설문 평가를 하는 것도 요식적인 행위가 될 가능성이 높다. 이런 경우에 설문이 묻고 있는 의도를 선취할 수 있기 때문에 정확한 결과가 나오기 어렵기 때문이다.

다음으로 인성교육은 근본적으로 직접적으로 결과를 확인하기 어려운 구조를 가지고 있다. 인성교육의 결과는 인지교육처럼 단기간의 훈련으로 통해 성취될 수 있는 것이 아니다. 기본적으로 일정한 기간이 필요할 뿐만 아니라 개별적으로 측정될 필요가 있다. 인성은 획일적인 평가 방식이나 계량화된 기준에 의해 객관적으로 측정하기는 어렵다. 인성교육을 받았다고 즉각적으로 인성이 변화되는 것은 아니다. 인성교육에는 반복적 훈련과 지속적인 실천을 통한 체화의 과정이 필요하다. 그렇기 때문에 인성교육을 하였다고 즉각적이고 직접적인 평가를 하기는 어렵다. 나아가 결과 평가는 근본적으로 불가능하다고 볼 수 있다. 그러나 인성교육이 궁극적인 목적과 목표에 적합한 구체적인 핵심 가치나 덕목들을 성취할 수 있도록 올바로 진행되었는지를 확인하는 과정평가의 경우는 가능하다. 하지만 실제로 인성교육이 피교육자를 어떻게 변화시켰는지를 측정하는 결과평가는 인성교육 자체의 특성상 일정 기간이 필요하며, 매우 통합적이고 심층적인 평가방식이 개발될 필요가 있다.

3. 인성교육과 성품의 탁월성의 통합성

〈인성교육진흥법〉 제2조에서 명기한 인성교육은 character education으로 해석된다는 사실은 이미 확인했다. 그렇다면 인성교육은 아리스토텔레스의 '성품'의 탁월성과 매우 밀접한 연관성을 가진다. 그리스어 에토스(ethos)는 '성품'을 의미하며, 성품의 탁월성과 연관된다. 또한 그것은 습관을 의미하는 에토스로부터 변형된 것이기도 하다(EN.2.1103a18). 성품이 반복적 습관에 의해 형성된다고 할 수 있다. 따라서 일정 기간 동안 반복적이고 지속적인 방식으로 습관화 또는 체화되어 형성된 것이 성품이라 할 수 있다. 그것은 아리스토텔레스가 『니코마코스윤리학』에서 구분하는 인간의 비이성적인 부분의 탁월성과 관련된다. 그것은 성품의 탁월성이라 불리며 인성교육과 매우 밀접한 것으로 보인다. 따라서 아리스토텔레스의 성품의 탁월성에 대한 세부적인 논의를 통해 인성교육과의 연관성을 살펴보고, 인성교육에 대한 논의에 어떤 시사점을 줄 수 있는지를 살펴보고자 한다.

우선 아리스토텔레스의 성품의 탁월성은 이성의 작용을 포함하기 때문에 '통합적'이고 '포괄적' 특징을 가졌다. 아리스토텔레스는 행복이란 '영혼의 능력을 탁월하게 발휘하는 활동'이라 정의한다. 따라서 영혼의 이성적인 부분과 비이성적인 부분이 모두 탁월성을 발휘하도록 할 필요가 있다. 아리스토텔레스는 영혼의 이성적 부분을 탁월하게 발휘하면 지성의 탁월성을, 영혼의 비이성적인 부분을 탁월하게 발휘하면 성품의 탁월성을 갖추게 된다고 생각했다. 사실 아리스토텔레스의 설명에 따르면 성품의 탁월성과 지성의 탁월성으로 명확히 구분되는 것처럼 보인다. 하지만 영혼의 이성적 부분과 비이성적 부분은 완전히 분리되고 독립되어 작용하지 않고 상호 긴밀하게 연관되어 작용한다.

따라서 성품의 탁월성은 그것이 형성되는 과정에서 이성에 의해 지속적으로 영향을 받을 수밖에 없다. 아리스토텔레스는 성품의 탁월성이 단지 비이성적인 부분 단독으로 형성되는 것이 아니라 이성적인 부분과 밀접하게 연관되어 작동한다는 것을 보여주고 있다. 그는 모든 성품의 탁월성들은 실천적 지혜(phronesis)를 갖지 않다면 존재할 수 없다고 말한다(EN.6.1144b21). 나아가 실천적 지혜 없이는 완전히 선하게 될 수 없으며, 또한 성품의 탁월성 없이 실천적 지혜를 갖추기 어렵다고 한다(EN.6.1144a29ff.). 성품의 탁월성은 중용을 목적으로 하는데 실천적 지혜가 없으면 제대로 발휘될 수 없기 때문이다. 성품의 탁월성과 실천적 지혜는 일방적인 관계가 아니라 상호적인 관계를 가진다. 모든 성품의 탁월성은 실천적 지혜와 함께 작용할 때 적절하게 발휘될 수 있다. 그렇다면 인성교육(character education)도 단지 감정뿐만 아니라 행동에 이르기까지 이성적 작용이 함께한다고 볼 수 있다. 이 점에서 아리스토텔레스의 성품의 탁월성의 영역은 상당히 확장되어 있다는 것을 볼 수 있다. 따라서 오늘날 '인성'이나 '인품'이라는 개념과 상당부분이 중첩되는 것으로 보인다.

다음으로 아리스토텔레스의 성품의 탁월성이 가진 주요 기능이나 역할 중의 하나는 타자와의 '소통'이다. 삶을 영위하는 데 있어 성품의 탁월성을 중시하는 논의는『수사학』에서 설득의 원리를 설명할 때도 재론된다. 인간은 자신과의 관계뿐만 아니라 타자와의 관계에서도 탁월성을 발휘해야 행복한 삶을 살게 된다. 우리가 타자와 소통하고 있다는 확실한 증거는 타자가 자신의 말에 동의를 하고 인정을 할 때이다. 이것은 설득(peitho) 능력과 관련된다. 아리스토텔레스는 설득의 세 가지 요소로서 에토스(ethos), 파토스(pathos), 로고스(logos)를 제시한다(Rh.1356a1-5). 특히 타자를 설득할 때 화자의 에토스도 매우 중요하다. 일차적으로 말을 할 때 말하는 사람이 어떤 사람인가에 따라 달라질 수 있다. 그래서 "성품은 말하는 사람이 가진 가장 효과적인 설득수단"이라고 한다(Rh.1356a13). 말을 할 때에는 특히 도입 단계에서 말하는 사람의 '성품'(ethos)이 설득을 하는 데 중요한 역할을 한다.

일반적으로 우리는 훌륭한 성품을 보여주는 사람의 말을 더 많이 신뢰하게 된다. 가령 모든 일에 정직한 사람을 그렇지 않은 사람보다 더 잘 믿는다. 물론 아리스토텔레스는 말하는 사람의 성품이 아니라 연설 자체를 통해 설득되어야 한다고 하지만, 말하는 사람의 '성품'은 실제로 설득에 상당히 많은 영향을 미치기도 한다. 따라서 성품의 탁월성을 가진 사람은 말을 할 때는 신뢰를 얻게 되고 행동을 할 때는 존경을 받게 된다. 특히 고대 그리스 사회는 민주제를 기반으로 하고 있기 때문에 설득을 목적으로 하는 수사학이 발달하였다. 아리스토텔레스는 『수사학』에서 특히 설득에 있어 에토스의 역할을 중시하고 있으며, 또한 파토스의 기능을 설명하는 데 심혈을 기울인다. 일차적으로 성품의 탁월성은 상대방에게 신뢰를 얻는 데 관문이 되는 경우가 많기 때문이다.

마지막으로 성품의 탁월성이 적용되는 영역은 '감정'과 '행위'이다. 아리스토텔레스의 성품의 탁월성은 특히 인간의 비이성적인 부분과 관련하여 '감정'과 '행위'와 밀접하게 연관되어 있다. 아리스토텔레스는 성품의 탁월성은 즐거움과 고통에 관련된다고 말한다(EN.2.1104b). 플라톤과 마찬가지로 아리스토텔레스도 감정과 관련된 교육이 어릴 때부터 이루어져야 한다고 주장한다. 그리하여 어린 시절부터 "마땅히 기뻐해야 할 것에 대해 기뻐하고, 마땅히 괴로워해야 할 것에 대해 고통을 느끼도록" 교육을 받아야 한다(EN.2.1104b). 그렇지 않다면 너무 과도한 감정이나 욕구, 또는 너무 억압된 감정이나 욕구를 조절이나 통제하지 못해 타자와의 관계가 고통이 될 가능성이 높고 삶의 질이 떨어질 가능성이 높다. 성품의 탁월성은 특히 인간이 일차적으로 갖는 타인과의 관계에 영향을 많이 미친다.

아리스토텔레스는 성품의 탁월성과 관련하여 중용(mesotes)을 말한다. 중용은 우리와의 관계에서 지나치지도 모자라지도 않는 것을 의미하는데 사람에 따라 다르며 동일하지 않다고 한다(EN.2.1106a30-33). 우리의 감정과 행위에는 지나침과 모자람 및 중간이 있다. 그것들은 너무 지나치거나 모자라면 비난을 받지만, 적절하면 칭찬을 받는다(EN.2.1106b25-26). 그래서 "마땅히 그래야 할 때, 또 마땅히 그래야 할 일에 대해, 마땅히 그래야 할 사람들에 대해, 마땅히 그래야 할 목적을 위하여, 또 마땅히 그래야 할 방식으로 감정을 갖는 것"이 중용이며 가장 좋은 것이다(EN.2.1106b21-23). 나아가 성품의 탁월성은 행위와 관련이 되기 때문에 책임의 문제를 다루게 된다. 따라서 자발적인(hekousion) 행위와 비자발적인(akousion) 행위의 구분뿐만 아니라 합리적 선택(proairesis)과 숙고(bouleusis) 등이 문제가 된다(EN.3.1109bff). 따라서 성품의 탁월성은 행위와 관련해서 지성의 탁월성과 연관된다.

현재 한국 사회에서는 '이성적인 부분'의 훈련에만 지나치게 치우친 학교 교육을 하고 있다. 그것도 이성을 그 자체로 사용하기보다는 도구로 사용하는 훈련이라 할 수 있다. 대부분 중, 고등학교의 교육은 좋은 대학을 가고 좋은 직장을 얻기 위한 수단으로서 도구적 이성의 능력을 확장시키는 데에 주로 최적화되었다고 할 수 있다. 따라서 이성을 본래적 목적으로 훈련시키고 발전시키기 위한 교육이 정상을 되찾아야 한다. 나아가 '비이성적인 부분'과 관련된 감정이나 욕구와 관련된 체계적인 교육을 찾기는 어렵다. 문학이나 예술과 관련된 교과가 있기는 하지만 입시와 관련하여 이론이나 기능에 치우칠 수밖에 없는 상황이다. 그러나 내가 생각하는 비이성적인 부분에 대한 교육은 '적절한 감정'을 갖도록 훈련하고 '적절한 욕구'를 사용하도록 하는 훈련을 말한다. 현재 교육체제 속에서는 시행하기 쉽지 않은 훈련이다. 이러한 훈련은 철학과 문학 및 예술 교육이 지금보다는 훨씬 유기적이고 융합적으로 작업할 때 보다 효과적으로 이루어질 수 있을 것으로 판단된다.

특히 아리스토텔레스가 제시하는 성품의 탁월성의 논의는 현재 한국 교육이 인지교육에 치중되어 있어 약화되어 있는 인성교육의 측면을 보완하는 데 유용하다고 생각된다. 아리스토텔레스는 성품의 탁월성이 인간의 감정과 행위와 밀접한 연관을 가지고 있다고 한다. 현대 한국의 인성 교육에 가장 필요한 부분은 '감성' 교육이다. 특히 타인과 소통하기 위해서는 '공감' 능력을 강화시키는 것이 급선무라 할 것이다. 이미 인성교육진흥법의 배경에서도 알 수 있듯이 현대 한국사회는 분노를 조절할 능력이 없는 위험사회로 나타나며 다양한 정보매체가 산재했는데도 불구하고 소통이 되지 않는 불통사회로 나타난다. 근본적으로 타자와 소통하는 데 필요한 공감 능력을 계발하고 인간의 다양한 감정들을 적절하게 드러낼 수 있는 역량을 육성하는 데 인성교육이 중요한 기여를 할 수 있다고 생각한다.

4. 인성 교육의 평가와 역량 강화의 방법

인성교육은 기존의 인지교육과 같은 교육방식으로는 결코 성과를 얻기 힘들 것이다. 전통적인 교육 방식은 해당 부분에 대한 정확한 인식을 획득하도록 하여 차후에 실천할 수 있도록 만드는 데 주안점을 들고 있다. 만약 현재 인성교육이 기존의 교육방법을 채택한다면, 〈인성교육진흥법〉에서 제시하는 8가지 핵심가치들이나 덕목들을 인식할 수 있도록 하는 데 주력할 것이다. 그러나 인성교육은 인지교육과 달리 일정 기간 동안 습관화나 훈련을 통해 체화의 과정을 필요로 한다. 인성교육의 경우에는 수업내용을 충분히 인지했는지를 평가하려는 것이 아니고, 실천해낼 수 있는 역량(capability)을 길러내는 데 중점을 둘 필요가 있다.

사실 기존의 역량접근법은 외부의 요구에 대처하기 위한 기능적 측면을 강조한다는 점에서 기능주의적으로 해석되거나(Lozano, B.P. & Huseo2012:135-143), 또는 행동, 결과, 성취 등을 강조한다는 점에서 행동주의적으로 해석되기도 하였다(Norris1991:332). 이러한 방식은 역량을 단순히 특정한 기능이나 수행 능력만을 강조하다보니 다양한 상황에 대처할 수 있는 능력을 양성하는 것과 멀어지게 되는 등의 문제들을 제기시키기 때문에 비판을 받고 있다. 그러나 최근 인간이 존엄하게 살아가는 데 필요한 역량이 무엇인가를 연구하는 역량접근법도 제시되었다. 센(Sen, Amatya)은 인간의 역량(capability)을 우리가 가치 있다고 생각하는 삶을 선택할 수 있는 실질적 자유(Sen2000:74)이자 선택하고 행동할 수 있는 기회의 집합으로 정의한다(Sen1993:31).

누스바움이 말하는 역량접근법의 '인간성 계발' 개념에는 인간이 세상을 살며 타고난 역량을 펼쳐 보인다는 의미가 담겨있다(Nussbaum2017:38). 기본적인 역량은 타고난 능력과 연관하여 선천적인 측면도 있지만, 그것을 계발하여 발전시키는 힘과 관련하여 후천적인 측면도 있다. 누스바움은 "기본 역량을 계발하고 훈련할 수 있는 것"을 내적역량이라 부른다(Nussbaum2017:39). 기본적으로 '역량접근법'은 더 많은 능력을 타고난 사람이 우대받아야 한다는 능력 우선주의적 입장이 아니라, 누구든지 자신이 가진 기본역량을 발휘할 수 있게 해야 한다는 입장이다. 누스바움이 역량을 중요한 관건으로 삼는 까닭은 역량이 부족하면 단지 성공적인 삶을 살 수 없기 때문이 아니라, 근본적으로 '좋은 삶'을 살 수 없기 때문이다(Nussbaum, M.C.1995:85).

한국 사회에서 인성교육도 각자 자유로운 선택에 의해 기본 '역량'을 발휘할 수 있도록 하는 방향으로 나가야 한다. 역량이란 어떤 능력이나 기능을 이끌어내는 방식으로 인해 중요하다. 사람이 아무리 역량을 많이 가졌다고 해도 역량을 사용하지 않고 가지고 있다면 아무 소용이 없다. 아리스토텔레스는 우리가 어떠한 능력이나 기능을 단지 소유하고 있는 것과 활용하고 있는 것을 분명히 구분하였다. 나아가 역량을 많이 가졌고 발휘하고 싶어도 발휘할 수 없는 상황이라면 아무 소용이 없다. 만일 사회나 국가가 역량을 발휘할 수 있게 해주지 못한다면 문제가 되는 것이다. 인성 교육은 현실적으로 시행될 때, 인성 교육의 핵심 가치들이나 덕목들을 인식시키는 방식이 아니라 인성의 핵심 덕목들을 실천할 수 있는 역량을 강화하고 함양하는 데 중점을 두어야 한다. 그것은 인간으로서 존엄하게 살 수 있게 해주며 궁극적으로 좋은 삶을 살 수 있게 해주기 때문이다. 따라서 한국 사회의 인성교육은 근본적으로 '좋은 삶'을 살 수 있는 역량을 강화시키는 것을 주요 목적으로 삼으며, 특히 현재 한국 교육에서 취약한 성품의 탁월성에 역점을 두고 교육시킬 필요가 있다.

덕윤리의 인성개념과
인성교육의 모형

1. 도덕 교육의 실패와 인성 교육의 필요성

도덕 교육의 영역에서 '인성 교육'의 필요성이 주목받고 있다. 급기야 2015년에는 "인성교육진흥법"이 제정되었다. 이 법의 시행은 인성 교육의 필요성을 충분히 인식시켰다. 인성교육진흥법은 인간다운 성품과 역량을 기르는 것을 목적으로 제시하고(인성교육진흥법:제 2조 1항), 그리고 인간다운 성품과 역량을 "마음가짐이나 사람됨과 관련된 핵심적 가치 또는 덕목"이라고 명시하고 있다.(인성교육진흥법, 제 2조 2항) 그러나 여전히 인성 교육이 무엇인지, 즉 인성 교육의 정체성에 대한 많은 논란이 제기되고 있다. 이런 논란을 해소하기 위해서는, 인성 개념을 분명하게 규정하고, 이렇게 규정된 인성 개념에 따라서 인성 교육이 어떻게 이루어질 수 있는지를 논의할 필요가 있다. 이러한 해명 과정을 통해 인성 개념과 인성 교육에 대한 오해와 혼동을 해소할 수 있어야 한다.

인성교육에 대한 많은 논란과 의문은 도덕 교육의 실패를 인정하지 않기 때문에 생겨난다. 인성교육을 강조하면서 인성교육의 필요성을 주장하는 사람들은 '인성'이 도덕적 측면에서 이해되어야 한다고 말하고 있다. 이것은 인성교육진흥법의 취지를 보아도 알 수 있다. 이미 도덕교육이 오래전부터 인성과 밀접한 관련이 있는 가치와 덕목들을 강조하면서도, 새삼스럽게 '인성교육'을 강조하는 이유는, 그것도 법령으로 제정하면서까지 강조하는 이유는 우리의 도덕적 현실이 암담하기 때문일 것이다. 우리의 도덕적 현실이 암담하게 된 것은 도덕교육의 실패 때문이다.(박효종 2001: 143)

도덕교육이 실패하였기 때문에, 그리고 암담한 윤리적 현실을 방치할 수 없기 때문에, 도덕을 교육할 수 있는 새로운 교육이 필요하다는 것을 솔직히 인정해야 한다. 그렇지 않다면, 인성교육에서 '인성'의 의미에 대한 해명을 지속적으로 요구받을 것이다. 도덕교육이 실패하였기 때문에, 새로운 방식의 도덕교육으로서 '인성교육'을 요청한다고 고백해야 한다. 이렇게 고백한다면, 인성 교육에서 인성은 도덕적 관점에서 이해될 수밖에 없으며, 또한 인성교육진흥법의 취지에 부합하게 될 것이다.

여기서 인성 개념을 도덕적 관점에서 이해할 것이다. 더 이상 인성 개념이 다른 방향으로 확장되어 논의되는 것을 원치 않는다. 그러나 인성 개념이 심리학적 특성도 함께 가지고 있어서, 심리학적 측면에서도 이해될 수 있다는 주장이 있을 수 있다. 그래서 "인성교육의 필요성을 주장할 때는 도덕적 인격 개념을 이용하면서, 인성을 교육하는 방법으로는 심리학적 성격 개념을 사용한다."(김태훈 1997: 283)고 불평하기도 한다. 그러나 이런 불평은 합당하지 않다. 인성교육의 필요성과 인성교육의 방법은 상이한 주제에 속하기 때문이다.

인성교육에서 인성은 도덕적 인격 개념이다. 그리고 인성을 교육하는 방법에는 심리학적 성격 개념이 필요하다. 이 두 주장은 양립가능하다. 이 두 주장은 양립가능성을 넘어서, 상호 보완적이다. 도덕적 인격 개념을 빌려서 인성을 규정할 수 있다. 그리고 이렇게 규정된 인성을 교육할 때는 여러 다른 요소들이 필요하다. 심리학적 성격 개념뿐만 아니라, 여타의 교육학적 특성도 동반되어야 한다. 그래야만 인성교육이 더욱 효과적으로 이루어질 수 있다. 말하자면, 인성을 규정하는 일과 인성을 교육하는 일은 별개의 일이다. 인성을 어떻게 규정할 것인지, 즉 인성교육의 목적을 규정하면서, 인성교육의 목표를 어떻게 달성할 수 있는지와 혼동해서 논의해서는 안 된다.

인성을 규정하는 것은 인성교육에서 도달하고자하는 목적이나 목표와 관련된 것이다. 이렇게 설정된 목표나 목적을 달성하기 위하여 어떤 방법을 동원할 것인지는 교육학적 문제이다. 인성교육에는 적어도 두 가지 별개의 활동이 요구된다. 첫째, 인성을 규정하는 활동, 둘째, 인성을 교육하기 위한 가장 효과적인 방법을 찾는 활동이 필요하다. 인성을 교육하기 위한 효과적인 방법으로서 여러 요인들을 관련시켜 교육할 수 있다. 그러나 그것은 인성교육의 목적이나 목표가 아니다. 인성교육의 목적이나 목표는 인성을 규정하는 일과 관련되어 있다. 이 두 활동을 혼동해서는 안 된다.

2. 도덕교육의 이론적 토대로서 의무 윤리의 부적합

기존의 윤리교육은 의무윤리(Duty Ethics)라고 불리는 의무론과 공리주의에 기초하여 이루어졌다. 이런 방식의 윤리교육은 '가치 명료화'라고 불린다. 그러나 가치를 명료하게 제시하는 윤리교육의 방법은 큰 결함을 가진다는 지적이 있다. 그 원인은, 첫째, 의무론과 공리주의가 행위 평가에 집중하는 특징을 가지고 있기 때문이며, 둘째, 행위의 동기를 이성에서만 찾고 있으며, 셋째, 평가 이론의 단순성을 최고의 가치로 여기기 때문이다. 여기에서 의무론과 공리주의가 윤리 교육의 토대를 제공할 수 없는 원인들을 탐색해 볼 것이다.

2.1 인성 교육의 기초인 성품 평가에서 어려움

근대 이후 대부분의 윤리학자들은 의무론과 공리주의 관점에서 행위를 평가해 왔다. 현대인의 윤리적 삶도 이 두 관점에 영향 받고 있다. 실제로 현대 사회에서도 윤리적 평가는 단지 행위에 집중되어 있다. 그러나 인성이 못됐다거나 성품이 바르지 못하다는 평가도 행위 평가 못지않게 이루어지고 있다. 그렇다면 행위 평가에 기초한 의무론과 공리주의는 성품을 어떻게 평가할 수 있는가? 유일한 방법은 그 사람이 행한 행위의 총합을 통해서 성품을 평가하는 것이다. 그러나 성품은 행위로 환원되지 않는다. 더구나 행위의 총합이 성품인 것도 아니다. 그래서 덕 윤리학자들은 의무 윤리의 이런 시도는 실패할 것이라고 생각한다.

의무 윤리가 성품 평가에 성공적이지 못하다면, 성품 교육 또는 인성 교육의 이론적 근거를 마련할 수 없다. 그러나 의무 윤리를 옹호하려는 사람들도, 윤리적 실천에서 또는 윤리 교육에서, 성품의 역할이 중요한 위치를 가지고 있다는 것을 부정하지 않는다. 옳은 행위 실천과 관련한 교육적 입장으로서 의무 윤리에 근거한 '가치 명료화' 관점의 성과가 그다지 만족스럽지 못하기 때문이다.(Jan Steutel, David Carr 1999:3) 이런 불만족 때문에 '인성 교육'의 필요성이 제기되었다. 성품 교육 없이는, 즉 윤리적으로 바람직한 사람이 되지 않는다면, 만족스러운 윤리 교육이 이루어졌다고 말할 수 없을 것이기 때문이다.

칸트는 오로지 옳다는 이유에서 행한 행위만이 윤리적 가치를 가진다고 말한다. 이것이 선의지에 의한 행위이다. 선의지는 행위가 윤리적 가치를 가지기 위한 필요충분조건이다. 선의지를 가진 행위는 윤리적 가치를 가지며, 윤리적 가치를 가지는 행위는 선의지에 의한 행위이다. 선의지 없이는 윤리적 가치를 가진 옳은 행위를 행할 수 없다. 따라서 칸트 윤리의 관점에서 윤리 교육에서 선의지를 갖게 하는 것은 매우 중요할 것이다. 의무의 목록이 주어진다면, 필요한 것은 '선의지'뿐이기 때문이다.(장동익 2019:126) 그러나 어떻게 의무를 항상 실천하도록 할 것인가? 즉, 어떻게 선의지를 갖도록 할 것인가? 안타깝게도 어떻게 선의지를 가질 수 있는지에 대한 설명은 찾기 어렵다.

공리주의는 자신에게 유용한 것보다 사회에 유용한 것을 실천하게 될 것이라고 말한다. 왜냐하면 사회는 확장된 자아이기 때문이다. 사회 전체의 유용성은 곧 나의 유용성이다. 이것이 사실이라면, 우리의 어떤 특징이 자신의 존재를, 가족을 넘어 사회 전반으로 확장하게 만드는가? 유용성을 유일한 평가 척도로 삼는 공리주의에서, 사회 전체를 '나'자신으로 이해할 수 있게 해주는 근거를 찾을 수 있는가? 근거를 찾기는 매우 어려워 보인다. 설령 근거를 찾는다할지라도, 공리주의 이론이 아닌, 인간의 특성에서 찾게 될 것이다. 공리주의가 '양적 쾌락'을 넘어 '질적 쾌락'을 요청할 수밖에 없는 것도 이런 이유에서 일 것이다.

의무론과 공리주의가 '성품 교육' 또는 '인성 교육'을 강조할 수 없다는 것은 분명해 보인다. 물론 의무론과 공리주의 관점에서 '성품' 또는 '덕'을 해명하려는 시도들이 있다. 그러나 이들은 '덕'을 '의무를 실천하게 만드는 경향성'으로 이해한다. 이런 경향성은 '영혼 없는 경향성'일 수 있다. 그리고 영혼 없는 경향성은 '덕'이 아니다. 덕은 단순한 경향성이 아니다. 덕은 우리의 행위를 실천할 수 있게 해주는 우리의 내적 원천으로서 성품이다. 따라서 내적 성품에 의거하지 않은 단순한 경향성은, 비록 그것이 의무를 실천하게 하는 경향성일지라도, '덕'은 아니다.

2.2 행위의 동기로서 감정의 역할 경시

오랜 동안 윤리학 논의는 '옳은 행위란 무엇인가?'의 물음에 집중하였다. 그리고 어떤 행위가 옳은지 또는 그른지를 평가할 수 있는 체계적인 장치나 설명을 찾기 위해 노력하였다. 그 결과 우리가 '의무론', '공리주의, 또는 결과주의'이라고 부르는 설명 체계를 확립하였다. 이런 관점에서, 윤리학의 임무는 행위자가 처한 상황에서, 행위자가 할 수 있는 행위들 중에, 한편으로, 의무라고 명령되어 있는 행위를 찾는 체계적인 장치를 발견하는 것(의무론)이며, 다른 한편으로, 가장 유용성이 큰 행위를 찾기 위한 계산 장치를(공리주의) 마련하는 것이다.

그러나 윤리학의 목적은 어떤 행위가 옳은지를 아는 것에 멈추지 않는다. 윤리학의 진정한 목적은 사람들이 옳다고 여겨지는 행위를 실천하는 것과 더 밀접한 관련이 있다. 그래서 옳은 행위가 무엇인지를 알도록 하고서, 옳은 행위를 실천할 수 있는 방안을 마련할 필요가 있다. 잘 알고 있듯이, 의무론은 의무로 평가된 행위를 숙지시키고, 당위와 명령 체계를 통해 실천을 유도할 수 있을 것으로 낙관하였다. 이성적 존재로서 행위자는 마땅히 이성의 명령에 따를 것이며, 따라야 한다. 그래서 이들은 당위와 명령의 체계를 마련하는 것에 집중하였다. 이런 명령 체계에서 유도된 명령은 의무가 되며, 이성의 요구에 부합한다. 이성적인 존재는 마땅히 당위와 명령에 따르는 존재이다.

공리주의 역시 의무론과 크게 다르지 않다. 행위의 결과를 평가할 수 있는, 또는 계산할 수 있는 능력을 중시하였다. 행위의 결과를 평가하거나 계산할 수 있는 능력을 가진 존재는 사회의 전체적인 선의 가치를 파악할 수 있으며, 가장 큰 가치를 가진 행위를 회피하지 않을 것이라는 낙관적 입장을 취한다. 따라서 윤리적 탐구의 의의는 행위의 유용성을 평가하거나 계산하는 능력에 의해 가치를 파악하는 것에 있다. 그리고 이렇게 파악된 가치에 따라 행위의 우선순위를 결정하는 체계를 마련하는 것이 윤리학 탐구의 최종 목표가 된다. 선에 대한 욕망은 가장 큰 유용성을 가진 행위를 자연스럽게 실천할 것이다. 즉 이성적 존재는 가장 가치 있는 행위를 파악하고, 실천하려는 욕구를 가진 존재이다.

인간이 의무론이나 공리주의가 생각한 대로 작동하는 존재였더라면, 문제는 간단했을 것이다. 그러나 인간 존재는 이들이 생각한 만큼 그리 단순하지 않다. 인간은 이성적 판단이나 계산적 이해득실에 따라서만 행위의 동기를 가지는 존재가 아니다. 우리는 사랑하기 때문에, 친구이기 때문에, 심지어 안타깝기 때문에 행동하려는 동기를 가지는 매우 복잡한 감정을 지닌 존재이다. 우리가 행동할 때, 특정한 동기에 따라서 행동한다는 것은 분명하다. 물론 의무나 명령, 또는 이해득실이 동기로 작용하는 경우는 많이 있다. 그러나 사랑, 우정, 명예, 보살핌, 애달픔, 그리움 등이 행동의 동기가 되는 경우가 더 흔하다. 따라서 의무나 명령, 또는 이해득실만을 행위의 동기로 파악한다면, 인간을 단지 피상적으로 이해하게 될 뿐이다. 의무나 명령, 또는 이해득실만을 강조하는 것은 인간의 윤리적 삶을 포괄하지 못할 것이고, 이런 입장에 근거한 윤리 이론은 온전한 이론이 될 수 없을 것이다.

의무론과 공리주의 또는 결과주의 윤리는 윤리적 삶의 기초가 되는 감정적 요소를 무시하고, 외적인 규칙과 원리에 의한 명령 체계를 고수한다. 이런 명령 체계는 인간을 단지 외적 명령에 복종하는, 감정이 없는 존재라고 여기는 듯하다. 그러나 인간이 감정 없는 로봇일 수는 없다. 인간은 외적인 명령이 이성의 요청에 의해서 이루어지든, 합리적 계산에 의한 것이든 무작정 따르도록 되어 있는 자동 기계가 아니다. 결국 의무론이나 공리주의는 인간의 본성을 전혀 이해하고 있지 못하다. 인간을 명령에 따르는 자동 기계나 프로그램 되어 있는 로봇처럼 여기는 윤리는 인간의 삶을 제대로 해명할 수 없다.

2.3 평가 이론의 단순성이 야기하는 문제점

의무론과 공리주의가 로봇의 윤리에 불과하다고 말하는 것은 지나친 주장일 수 있다. 그러나 의무론과 공리주의가 인간의 본성을 충분히 이해하고 있지 못하다는 것도 사실이다. 이것은 의무론과 공리주의 이론이 등장한 근대의 시대적 필요성에 영합하였기 때문이다. 의무론과 공리주의는 시대의 변화 속에서 인간 삶의 윤리적 본성을 고수하지 못하고, 아주 손쉬운 방법을 받아들이는 우를 범하고 말았다.

근대 이후 인간의 삶이 점차 복잡해지고, 익명성이 커진 사회로 나아갔다. 익명성이 커진 사회에서 행위자를 윤리적으로 평가한다는 것은 결코 쉬운 일이 아니었다. 더욱이 고대 윤리가 가진 덕 개념을 통해 행위자를 평가하는 일은 근대 사회에서 매우 어려운 일이었음에 분명하다. 그런 연유로 좀 손쉽고 간편한 윤리적 평가 체계가 필요하게 되었다. 의무론과 공리주의는 이러한 요청에 의해, 즉 손쉬운 윤리적 평가를 하기 위해 등장하였다. 말하자면 의무론과 공리주의는 윤리적 평가를 용이하게 하기 위한 간편한 도구였다.

알지 못하는 사람의 됨됨이를 평가하는 일은 무척 곤란한 일로 여겨졌을게 분명하다. 결국 사람을 평가하는 일을 포기하고, 그 사람이 실천한 행위를 평가하는 길로 방향을 전환하였다. 옳은 행위의 외적 조건을 설정하고, 행위가 그 조건에 부합하는지를 확인하는 것으로 윤리적 평가가 이루어졌다. 따라서 의무론은 옳은 행위의 외적 조건으로 의무나 당위의 목록들이 필요하며, 공리주의는 유용성이 높은 행위 목록이 필요했다. 그렇다고 의무론과 공리주의가 이런 목록을 구체적으로 제시한 것도 아니었다. 이성적인 존재로서 그리고 계산하는 합리적인 존재로서 인간은 이런 목록을 능히 알 수 있다고 막연히 주장하기 때문이다.

도덕적 평가 체계로서 의무론과 공리주의는 매우 편리할 뿐만 아니라, 이론적인 단순함도 동시에 갖추고 있다. 이런 편리성과 단순성은 근대 윤리 이론의 우수성을 말해주는 상당한 비중을 가진 근거로 여겨지고 있다. 그러나 어떤 이론이 단순하고 편리하다는 것만으로 그 이론이 좋은 이론, 더구나 훌륭한 이론이라고 말할 수 있는 것은 아니다. 그 이론이 단순하고 편리할지라도, 앞에서 말한 대로 인간의 본성을 충분히 반영하고 있지 못하다면, 윤리학의 목적은 달성될 수 없다. 실제로 단순성은 많은 것을 버렸을 때 얻을 수 있는 속성이다.

단순하고 간결한 해결책이 옳은 것은 아닐 수 있다. 단순성은 많은 것들을 사상시키는 경향이 있기 때문이다. 그리고 사상시킨 많은 것들이 중요한 것들이라면, 그런 해결책은 받아들일 수 없다. 단순함, 효율성, 그리고 경제성은 우리가 추구하는 가치들이다. 학문의 이론에 대한 평가도 이런 가치들에 크게 의존한다. 그러나 이런 가치들이 그 학문의 목적보다 우선하는 것은 아니다. 윤리학에서 간단하고 용이한 평가 방식이 있다면, 매우 바람직한 것으로 받아들여 질 것이다. 그러나 그런 평가 방식이 목적을 해친다면, 윤리학의 목적 실현에 방해가 된다면, 그런 방식을 받아들이기 어려울 것이다.

3. 덕 윤리와 인성 함양의 방해 요소 제거

인성 교육에서 교육되어야 할 대상은 물론 도덕적 성품으로서, 'Moral Character'의 함양을 목표로 하는 것이지만, 도덕적 성품의 실현을 방해하는 요소들의 억제도 역시 포함되어야 한다.[1] 인성 교육은 우리의 성품을 함양하는 일련의 활동으로 이루어질 것이다. 이런 활동들은 우리의 성품이 잘 작동할 수 있도록 이끌어야 한다. 인성 교육은 우리의 성품을 함양하고, 이것이 잘 기능하게 만들기 위한 것이다. 이런 설명은 인간의 본성에 대한 탐구를 추구한, 즉 인간이 무엇인가에 대한 탐구를 일생의 과업으로 삼은 소크라테스와 플라톤을 떠올리게 한다. 인간의 본성, 즉 인간의 이데아 또는 인간의 형상이 무엇인지 안다면, 그 이데아 또는 형상에 따라서, 사는 삶이 훌륭한 삶이다.

소크라테스와 플라톤의 교육은 인간의 참다운 본성을 일깨우는 것이다. 교

---

1) 도덕적 성품을 방해하는 요소를 반드시 '악'으로 이해할 필요는 없다. '악'은 내적인 것이지만 방해하는 요소는 내적인 것뿐만 아니라 외적인 것도 있기 때문이다.

육은 이미 주어져 있는 인간의 참다운 본성이 잘 발현할 수 있도록 인도한다. 이런 인간의 참다운 본성은 애초에 기본적으로 주어져 있다.[2] 교육은 주어진 특성의 성격을 바꾸는 것이 아니라, 인간의 참다운 본성을 깨닫도록 일깨우는 것이다. 인간의 참다운 본성을 깨달아 알게 된다면, 참된 인간으로 살아가게 될 것이다. 따라서 인성 교육은 인간의 참다운 본성을 알 수 있도록 돕는 과정으로 이루어져야 한다.

참다운 인간 본성을 깨달아야 한다는 것은 또 다른 의미를 가지고 있다. 우리가 참다운 본성을 깨닫지 못하는 것은 우리에게 주어져 있는 또 다른 자연적 특성, 즉 육신에 의해 생겨나는 욕망이나 탐욕 등에 의해 방해받거나 왜곡된 삶을 살기 때문이다. 결국 소크라테스와 플라톤의 견해에서, 한편으로, 인성 교육은 참다운 인간 본성이 무엇인지 알기 위한 정신적 각성을 위한 활동으로 이루어지며, 다른 한편으로, 참다운 인간 본성을 깨닫지 못하게 만드는 인간의 또 다른 본성의 방해를 극복할 수 있는 활동이어야 한다.

인간의 또 다른 본성은 인간의 참다운 본성을 방해하고 왜곡시키는 매우 강력한 힘을 가지고 있다. 이러한 힘은 인간을 잘못된 길로 이끌어 간다. 결국 잘못된 삶, 즉 윤리적으로 그른 삶은 이러한 유혹이 이끄는 대로 자신을 맡기는 삶이다. 그렇다면 인성 교육은 인간에 자연적으로 주어진 인간의 두 가지 본성 모두에 관여해야 할 것이다. 참다운 본성은 기능하도록 북돋우어야 할 것이고, 또 다른 본성이 참다운 본성을 방해하지 않도록 제거할 수 있는 능력을 제공해야 한다.

소크라테스나 플라톤의 생각을 따른다면, 인성 교육은 인간의 두 본성 중, 참다운 본성이 잘 기능하도록 이끌어 갈 수 있게 하는 것이다. 그러나 참다운

---

2) 형상이 이미 주어져 있는 것이 아니라 우리의 노력에 의해 닮아 가거나 '관여'해야 한다고 말할 수 있다. 그러나 여기서는 소크라테스와 플라톤의 사상을 엄밀하게 논의하려는 것이 아니다. 이들의 기본적이고 일반적인 입장을 개괄적으로 받아들여 사용하고 있다.

본성이 잘 기능하는 것은 이를 방해하는 요소가 억제되지 않고서는 불가능하다. 따라서 참다운 본성의 기능을 방해하는 본성의 작용을 억제할 필요가 있다. 오로지 참다운 본성을 북돋는 것만으로는 충분하지 않다.

아리스토텔레스는 'Moral Character' 함양에 대해 소크라테스나 플라톤과는 약간 색다른 설명을 제시한다. 아리스토텔레스는 참된 본성으로서 덕과 이에 반하는 본성으로서 악이 서로 별개의 독립적 존재라고 이해하지 않으며, 악을 덕의 결핍으로 설명하지도 않는다. 그는 우리의 본성은 규정되지 않은 채 주어져 있다고 생각하는 듯하다. 그 본성은 양 극단을 악으로 갖는 넓은 스펙트럼으로 주어져 있다. 이 스펙트럼 중 어느 한 지점으로 규정되거나 고정되면, 그 고정된 상태가 우리의 성품이 된다. 물론 고정된 성품 모두가 덕은 아니다. 성품은 악으로 고정될 수 있다. 따라서 바람직한 방향으로 고정시키기 위한 활동이 중요하다.

아리스토텔레스는 중용 개념을 사용하여 바람직한 방향, 즉 도덕적 성품으로서 덕의 함양을 설명한다. 양극단의 '중용'으로 우리의 성품을 고정시켜야 한다. 그러나 중용 상태, 즉 덕은 쉽게 얻을 수 있는 것이 아니다. 우리의 성품을 고정시키기 위해서는 노력이 필요하다. '과대'의 악이든, '과소'의 악이든, 악은 우리를 유혹하는 경향성이 매우 크기 때문에, 큰 노력 없이도 악한 성품을 가질 수 있다. 반면에 두 유혹하는 악의 유혹을 떨쳐내고 정확히 '중용'을 지키기 위해서는 큰 노력이 필요하다. 이때 우리가 기울이는 노력이 '습관' 활동이다.[3] 그래서 아리스토텔레스는 '습관'이 가장 중요하다고 말한다.

우리의 활동들이 어떤 성질의 것이 되도록 해야 한다. 이 활동들의 차이에

---

3) 아리스토텔레스는 "도덕적 나약함(akrasia)"도 습관의 과정을 통해 극복될 수 있는 것으로 이해하고 있다.

따라 품성상태들의 차이가 귀결되기 때문이다. 따라서 어린 시절부터 죽 이렇게 습관을 들였는지, 혹은 저렇게 습관을 들였는지는 결코 사소한 차이를 만드는 것이 아니다. 그것은 대단한 차이, 아니 모든 차이를 만드는 것이다.(Aristoteles 1920: 1103b22-25)

아리스토텔레스에 따르면, 습관은 악으로부터 멀어지는 과정이다. 우리는 덕으로 변화할 수 있는 토대가 되는 '성향'을 이미 가지고 있다. 이런 성향은 습관에 따라서 악으로도, 덕으로도 변화할 수 있다. 습관은 주어진 '성향'을 한정시켜서 탁월한 성품, 즉 덕을 형성한다. 이때 성품을 한정시키는 것, 즉 덕을 함양하는 것은 습관을 통해서 이루어진다.[4]

4. 덕 윤리에서 인성교육 모형

유덕하지 않은 존재가 유덕해지는 과정은 불가능하다는 지적이 있다. 유덕한 존재가 어떤 존재인지, 또는 누가 유덕한 존재인지를 알지 못한다는 것이다. 그렇다면 유덕한 존재가 했을 법한 또는 할 법한 행위가 무엇인지도 알 수 없다. 따라서 이런 지적은 덕 윤리뿐만 아니라, 덕 윤리에 근거한 '윤리 교육', 즉 '성품교육 또는 인성교육'의 성패를 가를 근본적인 것이며, 따라서 상당한 골칫거리 문제이다.

유덕한 존재를 파악할 수 없다면, 그래서 덕 함양이 불가능하다면, 인성 교육도 불가능하다. 무엇을 습관을 들여야 할지, 그리고 어떻게 들여야 할지 전

---

4) 플라톤이 '한정시켜서 적도를 갖게 하는 것'을 '중용'으로 이해하고 있다는 탁월한 견해가 있다. 이에 대한 설명은, 박종현(2014). *적도 또는 중용사상*, 아카넷, 참고.

혀 알 수 없기 때문이다. 앞에서 제시된 유덕한 행위의 특성과 행위자의 태도, 그리고 일련의 습관 과정에 대한 설명은 전혀 쓸모없는 사상누각에 불과하게 된다. 이런 비판이 제기되었을 때 덕 윤리학자들은 골머리를 앓았다.

그러나 덕 윤리학자들은 매우 유용한 해결방안을 찾아냈다. 그리고 습관을 들일 수 있는 행위, 즉 모방에 필요한 행위들을 제시할 수 있는 매우 훌륭한 설명 장치를 마련하였다. 줄리아 애너스(Julia Annas)는 모방할 수 있는 행위를 제공해줄 수 있는 세 가지 방식을 제안하고 각각 비교 평가하여, 그 중 하나의 방식을 덕 윤리가 채택할 수 있는 현실적인 방식으로 제안하고 있다.(Annas 2003: 61-75 참고) 애너스는 사용설명서 모형, 모범자 모형, 그리고 발전 모형이 있다고 말한다.[5] 이런 모형들은 인성교육의 구체적인 모형으로 활용 될 수 있다.

1. 사용설명서 모형은 여러 행위 지침들을 목록으로 제공하는 방법이다. 이 방법은 의무 윤리에 속하는 의무론과 공리주의가 받아들이는 방법이다. 이런 모형은 윤리적 사유를 통해 행위 지침을 만들 것을 요청한다. 즉 행위 결정을 위한 지침이 제시된다면, 우리가 해야만 하는 옳은 행위를 알고자 원할 때, 우리는 이 행위 지침을 확인해 보면 된다. 물론 이 행위 지침은 일반 원리로 제시되어야 한다. 이렇게 제시된 일반 원리는 행위를 결정하는 절차로 기능하게 된다.

사용설명서 모형은 행위 지침을 제공하고, 이 지침을 행위를 결정하는 절차로 삼을 것을 요구한다. 이것은 전자제품을 구매하고서, 사용하기 전에 제공된 사용설명서를 확인하는 것을 연상시킨다. 전자 제품의 사용설명서는 사용자의 능력과 관계없이 제품을 사용할 수 있게 해주는 매우 유용한 도구이다. 마찬가지로 옳은 행위를 결정하기 위한 절차로 제공된 목록들도 행위자의

---

5) 여기서는 애너스의 세 모형을 간략하게 설명할 것이다. 이에 대한 보다 상세한 설명을 원한다면 Annas(2003: 61-75)와 장동익(2017: 279-289)을 참고할 것.

능력과 관계없이 옳은 행위를 결정하여 실천할 수 있게 해주는 매우 유용한 도구가 된다.

사용설명서 형식으로 행위 지침을 제공하는 것은 의무 윤리(Duty Ethics)가 취하는 방식이다. 결국 이런 방법은 의무 윤리의 문제점을 동시에 가지게 된다. 성품이 매우 비열하고 변태적인 사람도 옳은 행위 지침을 충실히 따를 수 있다. 그렇다면 옳은 행위 지침을 따른다할지라도 윤리적으로 옳은 사람이 아닐 수 있으며, 나아가 윤리적으로 권장할만한 사람이 아닐 수 있다. 우리는 이런 사람이 되기를 원치 않는다. 오히려 인성 교육이 강조된 이유는 의무 윤리의 방식이 이런 존재를 방치하고 있기 때문이다. 인성 교육의 영역에서 사용설명서 모형에 의한 옳은 행위 결정 절차를 제공하는 것은 모순된다. 인성 교육은 이런 사람들이 윤리적으로 문제가 있으며, 이런 사람이 되는 것을 방지하기 위해서 등장했기 때문이다.[6]

2. 모범자 모형은 덕 윤리의 옳은 행위 모형으로 인식되고 있기도 하다. 이런 모형은 이론적으로 그리고 이상적으로 인성교육과 매우 잘 부합하는 것처럼 보일 수 있다. 모범자 모형은 완벽하게 유덕한 행위자가 행했을 법한 또는 행할 법한 행위를 옳은 행위로 설정한다. 어떤 행위를 선택해야 하는지를 알고자 한다면, 우선 완벽하게 유덕한 사람을 확인해야 한다. 그리고 완벽하게 유덕한 행위자가 행할 법한 행위를 살펴보아야 한다. 그의 행위를 모방하면서 그와 동일한 성품을 형성하는 과정을 거쳐야 하기 때문이다.

그러나 모범자 모형을 인성 교육의 실천 모형으로 삼는 것은 적합하지 않다. 이런 모형은 유덕한 사람이 누구인지를 제시해야 한다는 어려움이 있다. 유덕한 사람은 너무도 이상적인 개념이어서 규정하는 것조차 불가능할 수 있

---

6) 사용 설명서 모델의 문제점은 덕 윤리학의 부활과 밀접한 관련이 있다. 이 모델의 문제점을 논의하는 것은 덕 윤리학이 부활하게 된 배경을 상세히 설명할 것을 요구한다. 이에 관한 설명을 위해서는, 장동익(2017), "서문: 덕 윤리의 등장과 배경"을 참고할 것.

다. 설령 불가능하지 않더라도, 유덕한 사람은 문화권마다 다를 수 있다. 더구나 이런 유덕한 사람이 행할 법한 행위가 무엇인지를 구체적으로 말하는 것 역시 녹녹치 않다.

물론 모범자 모형은 덕 윤리의 기본 원칙에 잘 부합할 수 있다. 그래서 덕 윤리를 기초한 윤리 교육, 여기서는 인성 교육도 모범자 모형을 적용하는 것이 합당하다고 생각할 수 있다. 그러나 유덕한 사람이 누구인지 현실 세계에서 제공하는 것은 거의 불가능하다고 인정할 수밖에 없다면, 현실적으로는 전혀 좋은 선택이 될 수 없다. 모범자 모형은 현실적 대안은 아니다. 이런 모형이 최고의 것일 수는 있지만, 현실적으로 가능하지 않다면, 차선을 선택할 필요가 있다.[7]

3. 발전 모형은 우리가 배움의 과정에 있다는 것을 전제하고 있다. 초보자는 자신보다 나은 사람을 모범으로 삼아 본받는다. 완벽한 사람을 본받을 기회가 제공된다면, 더할 나위 없다. 그러나 단지 모범적인 사람을 본받더라도, 현재의 자신보다 더 발전된 모습이 될 것이다. 이것이 발전 모형의 핵심이다. 물론 발전 모형도 모범자 모형처럼 본 받아야 할 모범자가 필요하다. 그러나 모범자 모형과는 달리, 모범자가 완벽하게 유덕한 사람일 필요가 없다. 단지 자신보다 윤리적으로 더 나은 사람이면 된다. 예를 들어, 초보 목수는 보다 전문적인 스승이 행하는 것을 본받는다. 비록 스승이 목수로서 완벽한 전문가는 아니지만, 초보자는 스승을 본받으면서 보다 전문적인 목수로 성장해 간다. 그리고 지속적인 발전을 이루어, 결국에는 스승을 넘어서는 전문적인 목수가 된다. 그리고 또 다른 초보 목수는 이 목수를 모범으로 삼을 것이다. 이 과정이 되풀이 되면서, 애초의 스승보다 더 나은 목수가 된다.

우리의 성품도 이와 같이 성장해 간다. 완벽하게 유덕한 사람을 본받지 않

---

7) 나는 여기서 플라톤이 말했던 '차선의 항해'를 염두에 두고 있다.

더라도 보다 나은 사람으로 성장해 갈 수 있다. 완벽하게 유덕한 사람이 모방하기 위한 인물로 제시되어야 하는 것은 아니다. 성품에 있어서 존경받을 정도의 인물이면 족하다. 덕의 함양에서 초보적인 어린이는 자신보다 성품에서 뛰어난 인물을 모범으로 삼는다. 모범이 되는 존재가 완벽할 필요는 없다. 단지 훌륭한 인물을 본받는 것으로도 인성 교육의 목적은 충분히 달성될 수 있다. 완벽하지 않은 교육자도 훌륭한 교육자일 수 있기 때문이다. 자신보다 나은 인물을 본받아 행동하다보면, 자연스럽게 그 모범자의 수준을 넘어 설 수 있게 된다. 이것이 교육의 특성이며, 인간의 정신과 성품의 특성이다. 모방은 창조를 낳는다.

아리스토텔레스는 창조나 성품 형성이 모방 자체에 있는 것이 아니라 반복적인 습관과 더 밀접한 관련이 있다고 생각한다. 이것은 다음을 통해서 분명히 드러난다. "한 마리의 제비가 봄을 만드는 것도 아니며, 하루가 봄을 만드는 것도 아니니까"(Aristoteles 1920: 1109a19-20) 아이들은 부모를, 청소년은 부모, 교사, 위인의 태도를 지속적으로 모방하다 보면, 이들을 넘어서는 성품을 함양할 수 있다. 따라서 발전 모형도 지속적인 습관을 강조한다. 다만 모범자가 도덕적으로 완전한 인물, 즉 완전한 유덕자일 필요가 없다는 것이다. 물론 발전 모형은 형식적으로 가능한 모형이며, 덕 윤리와 정합적이며, 또한 인성 교육을 효과적으로 달성 할 수 있는 최선의 대안이다. 따라서 인성 교육이 가장 먼저 해야 할 일은 현실 속에서 존중받을 만한 모범자를 발굴하는 것이다. 그리고 이런 인물을 찾는 것은 현실적으로 크게 어렵지 않다.

5. 인성 교육 모형의 보완적 적용

인성을 규정하는 일과 인성을 교육하는 일은 매우 밀접한 연관이 있지만,

사실상 별개의 활동이다. 인성 교육은 규정된 인성을 습득하게 만드는 실천적 활동이기 때문이다. 물론 의무론과 공리주의는 인성 습득에 관한 이론적 기초를 제공할 수 없다. 유일한 대안이 덕 윤리에 의거하여 설명하는 것이다. 덕 윤리는 사용설명서 모형, 모범자 모형, 발전 모형을 제시하면서, 발전 모형을 가장 현실성 있는 유형이라고 말한다.

인성을 교육하기 위한 가장 현실적인 모형은 발전 모형이다. 그러나 발전 모형 역시 적지 않은 결함을 가지고 있다. "말과 가르침은 모든 경우에 힘을 발휘하는 것이 아니며, … 감정에 따라 사는 사람들은 되돌리려는 말을 듣지 않을 것이며 이해하지도 못할 것이기 때문이다."(Aristoteles 1920: 1179b23) 모든 사람이 훌륭한 사람을 모델로 삼아 발전해가려는 태도를 가지는 것은 아니다. 발전하려는 태도 역시 반복에 의한 습관의 결과이기 때문이다. 고귀하게 행동하기 위해서는 "고귀한 것을 사랑하고 부끄러운 것을 싫어하는 탁월성에 고유한 품성상태를 어떤 방식으로 미리 가지고 있어야 한다."(Aristoteles 1920: 1179b30-31) 결국 유덕한 성품에 따른 행위를 하기 위해서는 먼저 그런 성품을 가지고 있어야 하며, 그런 성품은 유덕한 행위를 반복적으로 실천함으로써 함양된다. 따라서 먼저 유덕한 행위가 무엇인지 제시될 필요가 있다.

유덕한 행위는 유덕한 모범자도, 발전 모형의 단순한 모범자도 제시할 수 있다. 그러나 가장 손쉬운 방법은 사용설명서 모형에 따른 규범 제시일 것이다. 이렇게 제시된 규범들은 상당한 강제성도 지니고 있다. 유덕한 행위를 습관들이는 초기에는 상당한 강제성도 필요하기 때문이다. 왜냐하면 고귀한 성품을 갖고 절제 있고 강인하게 사는 것은 젊은이에게 달가운 일은 아닐 것이기 때문이다. 젊은이들이 습관을 들이기 위해서는 강제성을 띤 지침이 있어야 한다. 그래서 아리스토텔레스는 심지어 강력한 강제를 통한 처벌이 부과되는 법률을 통해서 그러한 일에 익숙해지고 습관을 들이는 일을 강조한다.(Aristoteles 1920: 1190a1-2) 법률이 습관을 들이는 일에 적합한 것이라면, 그래서 습관을 들이기 위해서는 법률과 같은 분명한 지침이 필요한 것이라면, 사용설명서 모형의 도움이 필요할 것이다. 즉 발전 모형을 토대로 사용설명서 모형의 도움을 받아야 한다. 두 모형의 절충된 형식에서 인성 함양의 근간이 되는 습관 형성의 목표를 달성할 수 있을 것이다.

니체의 아곤 개념과
인성교육

1. 경쟁은 나쁜 것인가?

"아직도 다스리려드는 사람이 있는가? (…) 돌볼 목자는 없고 가축의 무리가 있을 뿐! 모두가 평등하기를 원하며 실제 그렇다. 어느 누구든 자기가 특별하다고 느끼는 사람은 제 발로 정신병원으로 가게 마련이다."(Z: KSA4, 29)[1]

"'우리 가운데서는 어느 누구도 최강자가 되어서는 안 된다.' (…) 그렇게 되면 경쟁이 말라서 고갈되고, (…) 국가의 영원한 생명근거가 위험해지게 되기 때문이다."(HW: KSA1, 788)

위의 인용문이 동일한 저자의 것이라는 사실을 안다면 당황스러울 것이다. 앞의 글은 니체의 『차라투스트라는 이렇게 말했다』(Also sprach Zarathustra, 1883)의 「머리말」에서 따온 것이고, 뒤의 것은 니체가 바젤시절 시민을 위해 행한 강연 중 하나인 "호머의 경쟁"(Homer's Wettkampf)(1872)에 등장한다. 비록 시간

---

1) F. Nietzsche, *Also sprach Zarathustra*, in: *Sämtliche Werke*. Kritische Studienausgabe in 15 Bänden(앞으로 KSA로 축약), Bd. 4, hrsg. von G. Colli u.a., München 1999, p. 20. 앞으로 니체 저서는 제목의 축약, 전집의 권수 그리고 페이지를, 유고의 단편은 괄호와 꺾쇠로 표시한다. 예시: Z: KSA4, 29. 유고 예시: N: KSA12, 348(9[25]).

상 10년 정도의 간극이 있는 글이지만, 니체의 태도에 모순이 있거나 아니면 사고에서 전면적 변화가 있었던 건 아닐까? 첫 번째 인용문은 분명 자신의 시대, 평등의 가치가 초래한 인간성의 타락을 질타하는 내용이다. '모든 인간은 평등하다'는 근대의 보편적 평등권은 계몽주의와 프랑스혁명을 통해 자신의 위력을 유감없이 보여주었다. 니체가 평등을 비판할 때 비판의 초점은 평등권 자체에 있기보다 그것을 바라보는 근대인의 태도에 있다. 니체가 말하는 '가축의 무리'로서 근대인은 권리로서 평등을 가치의 동등함으로 잘못 이해하고, 가치들 사이의 위계와 차이를 지워버렸다. 그 결과 근대인들은 가치와 취향의 균등을 마치 계몽의 성취로 믿게 되었다. 니체에게 '가치들이 똑같다는 것'은 생명의 질서, 즉 보다 강력해지고, 타자를 지배하려는 '힘에의 의지'에 위배되는 이른바 '생리학적 모순'(GD: KSA6, 143)이다.

두 번째 인용문에서 니체는 경쟁(agon)의 가치와 동시에 경쟁의 종식이 야기할 위험을 경고한다. 힘에의 의지(Wille zur Macht)는 경쟁을 통해 발현되고, 개인이나 집단은 경쟁을 할 때 비로소 자신을 고양시키고 공동체를 건강하게 할 수 있다. 그것에 대한 예시가 바로 그리스문화이다. 그렇다면 평등을 기초로 한 근대문화와 그것의 종착지인 니힐리즘을 극복하기 위한 대안이 경쟁일까? 피상적 관점에서 본다면, 힘에의 의지를 찬양하는 니체가 제한 없는 경쟁을 옹호했으리라 생각할 수도 있다. 그래서 오늘날 전 지구적으로 진행되고 있는 약탈적 경쟁마저도 니체의 철학에서 그 정당성을 얻을 수도 있을 것이라는 판단도 하게 된다. 그러나 이것은 니체철학에 대한 명백한 오해이다. 두 번째 인용에서 우리는 '우리 가운데서는 어느 누구도 최강자가 되어서는 안 된다.'는 그리스인의 지혜를 니체가 언급하고 있다는 사실을 간과하지 말아야 한다. 니체는 결코 승자독식 혹은 약탈적 경쟁을 옹호하지 않았고, 오히려 그것을 야만으로 가는 첩경임을 자신의 저서 곳곳에서 경고하고 있다.

니체철학의 목표는 니힐리즘의 극복이다. 니힐리즘은 인간들이 믿고 의지했던 '최고의 가치'가 무의미해져, 더 이상 믿고 따를 가치가 없어진 '의미의 진공상태'를 의미한다. 니체에 따르면 근대의 평등에 관한 일반화된 믿음은 니힐리즘의 직접적인 징후이다. '최고의 가치'가 폐기되었다는 것은 곧 '모든 가치가 똑같다'는 가치의 평등선언인 셈이다. 그렇다면 니힐리즘을 극복한다는 것은 평등의 가치를 대체할 새로운 가치를 찾는 것에서 그 돌파구가 열릴 것이다. 평등을 대체할 새로운 가치를 찾으려는 니체의 노력은 이미 1870년대 초 바젤시대 "우리 교육기관의 미래에 관하여"(Ueber die Zukunft unserer Bilungsanstalten) 등의 일련의 강연에도 등장한다. 그가 주목한 것은 그리스 문화와 그것을 지탱했던 가치이다. 그리스 문화는 경쟁의 산물이며, 경쟁은 또 다른 경쟁을 낳을 때에야 정당성을 갖는다. 만약 경쟁을 종식하는 경쟁이 있다면 그것은 제도적으로 엄격히 금해야 한다는 것이 그리스인들의 지혜였다.

이 글은 니체의 '아곤'에 관한 철학적 사유를 인성교육에 적용하려는 시도이다. 우선 저자가 미리 밝히고자 하는 것은 2015년 재정된 '인성교육 진흥법'에 따라 시행되고 있는 '건전하고 올바른 인성을 갖춘 국민을 육성하여 국가사회의 발전에 이바지함'을 목적으로 하는 국가주도의 '인성교육'과는 무관하다는 점이다. 오히려 니체의 관점에서 보자면, '인성교육 진흥법'은 국가가 필요로 하는 신민을 기르기 위해 프로이센 공화국에서 시행한 '국민교육'(Volksbildung)에 가깝다. 인성교육 진흥법이나 국민교육에서 가장 중요한 가치는 평등의 가치일 것이다. 따라서 우리의 논의는 국가 정책으로 시행되고 있으며, 그 결과가 명약관화한 건전한 시민을 양성하기 위한 인성교육에 대한 비판담론이 될 것이다. 또한 우리의 연구는 오늘날 수월성 교육의 이름으로 진행되고 있는 약탈적 경쟁교육에 대한 비판도 될 것이다. 본 연구는 인간의 자연성에 기초한 진정한 의미의 인성교육을 니체의 '아곤' 사유에서 찾을 것이다.

　니체는 자신의 시대의 문제를 해결하기 위한 실마리를 시간의 순방향이 아닌 역방향에서 찾는다. 문제의 출발점을 찾을 수 있다면 문제해결의 가능성 또한 가시화되리라는 가정 하에서 니체는 유럽문화의 출발점으로 되돌아간다. 그곳에서 그는 역사상 가장 건강한 민족인 그리스인과 그들의 문화를 재발견한다. 니체가 발견한 그리스문화의 정수는 바로 아곤(ἀγών, agon)이다. 아곤은 원래 회합장소, 회합이라는 원래 의미에서 출발하여 싸움, 재판, 대결, 경쟁, 논쟁, 긴장 등의 의미로 확장된다. 아곤의 가치를 문화의 차원으로 승화시킨 사람은 호머(Homer)이며 호머에게 그것은 주로 경쟁, 경연의 의미를 가진다(Liddell/ Scott 1975: 10). 아곤은 그리스인들에게 정치, 사회, 문화 등 삶과 관련된 일체의 활동에서 기초가 되는 가치이다. 이것은 근대인에게 평등의 가치가 가지는 무게에 비교될 수 있다. 니체는 아곤을 주로 '경쟁'(Wettkampf)으로 이해하고 자신의 '힘에의 의지'(Wille zur Macht) 사유의 모태로 삼는다.

2. 아곤과 그리스 문화

2.1. 재능은 경쟁 속에서 꽃핌

　"그리스의 수호신은 '투쟁과 승리의 삶은 무엇을 원하는가?'라는 물음에 대해 (…) 대답을 이미 가지고 있었고, 그 대답을 그리스의 전 역사를 통해 제시하고 있다."(HW: KSA1, 785) 니체에 따르면 아곤은 철학, 예술 그리고 문화를 관통하는 그리스의 최고의 가치이다. 아곤의 가치가 훼손되거나 쇠퇴할 때 그리스는 위기에 빠졌고, 몰락을 향해 가게 된다. 니체가 볼 때, 아곤에 대한 그리스적 사유의 전형은 헤라클레이토스 철학이다. 니체가 헤라클레이토스를 자신의 선구로 꼽는 것은 과장이 아니다.

이미 약관의 교수 초년생시절, 바젤대학에서 행한 1869년부터 1876년 사이의 "플라톤 이전의 철학자들"(Die vorplatonischen Philosophen)강의와 1873년 「그리스 비극시대의 철학」(Die Philosophie im tragischen Zeitalter der Griechen)이라는 짧은 저서에서 니체가 가장 심혈을 기울여 연구한 철학자는 헤라클레이토스이다. 일련의 강연과 저서에서 니체가 파악한 헤라클레이토스의 핵심 사상은 네 가지로 요약될 수 있다. '생성(Werden)', '디케(dike, 정의)', '투쟁(polemos)' 그리고 '불'(KGW II-4: 278)[2]이 그것이다.

특히 정의와 투쟁은 헤라클레이토스의 아곤적 사유의 핵심이다. "전쟁(polemos)은 공통된 것이고 투쟁(eris)이 정의이며, 모든 것은 투쟁과 필연(chreōn)에 따라서 생겨난다는 것을 알아야만 한다."(탈레스 외 2010: 249) 헤라클레이토스에서 투쟁은 세계의 본성이다. 즉 존재자들 간의 투쟁은 필연적인 것이고 동시에 그것은 영속적이다. 그런데 존재자들 간의 투쟁은 타자를 지배하는 힘을 얻기 위한 필연적 과정인데, 투쟁이 영속적인 것이 되려면 힘이 결코 특정 존재자에게 배타적으로 집중되지 않아야 한다. 비록 존재자들 간의 힘의 독점이 일시적으로 있을 수 있으나 그것은 어디까지나 잠정적인 것이다. 즉 하나의 존재자가 영원히 다른 존재자를 지배하는 경우는 없다. 이것에 대한 상징이 불인데, 헤라클레이토스에서 불은 타오르고 꺼지는 것이 영원히 반복된다.

헤라클레이토스에서 존재자들 간의 경쟁은 승자와 패자의 교체가 반복되는 힘들 간의 경쟁, 즉 놀이의 일종으로 간주된다. 경쟁에 대한 헤라클레이토스의 이러한 사유가 가장 잘 표현된 단편이 B52이다. "삶의 시간(영겁의 시간)(aion, Lebenszeit, Ewigkeit)이란 도대체 무엇인가?"라고 사람들이 헤라클레이

---

2) 니체의 바젤 시대 "플라톤 이전의 철학자들"(Die vorplatonischen Philosophen)에 대한 강의는 F. Nietzsche, Kritsche Gesamtausgabe(앞으로 KGW로 축약), Colli u.a.(Hg), Berlin u.a. 1995 인용. KGW II-4, 278 참조.

토스에게 묻자, 그는 "장기 돌을 모았다 흩트렸다 하며 노는 아이(pais paizon, spielendes Kind(Knabe)), 왕국(basileiē)은 아이의 것이니."(KGW II-4: 273)[3]로 대답한다. 아곤과 관련하여 이 단편에서 주목할 점은 장기 놀이와 왕국의 관계이다. 이 부분에 대한 다양한 해석이 가능하나(정낙림 2010: 265-268), 장기 놀이를 통해 왕을 결정했다는 페르시아 퀴로스(Kyros) 왕의 전설이 설득력이 있다. basileie 는 Basilinda(왕 놀이)와 같은 어원에서 출발한다. 소몰이꾼 퀴로스가 장기 놀이에서 승리해 왕이 되는 과정을 헤라클레이토스는 삶이 가진 우연성을 설명하기 위해 차용했을 것이다.(G. Wohlfart 1991: 162)[4] 헤라클레이토스는 왕좌를 향한 경쟁을 놀이로써 이해함으로써 경쟁의 결과 보다는 경쟁의 과정과 지속성에 그것의 본질이 있음을 말하고 있다. 결국 헤라클레이토스는 삶이 경쟁에 뿌리를 두고 있다는 것, 그리고 경쟁이 결과를 예단할 수 없는 우연의 놀이라는 점을 강조한다.

그리스인들은 "아테네에서 최고로 유익할 수 있거나 아니면 적어도 해를 가져오지 않도록 경쟁을 통해 자기"(HW: KSA1, 788)[5]와 공동체의 발전을 조화시켰다. 그리스 문화와 아곤에 대한 니체의 본격적 연구는 그가 바젤시절 행한 일련의 강연을 통해 제시되는데, 그 대표적인 것이 "호머의 경쟁"(Homer's

---

3) "삶의 시간(aion, Lebenszeit, Ewigkeit)은 장기를 두면서 노는 아이(aiōn pais esti paizon, pesseyōn paidos), 왕국(basileiē)은 아이의 것이니." (탈레스 외 2010: 249) 니체는 헤라클레이토스의 단편 B52를 이렇게 해석한다. "생성과 소멸, 건축과 파괴는 아무런 도덕적 책임도 없이 영원히 동일한 무구의 상태에 있으며, 영겁의 시간 에온(Aeon)은 자기 자신과 이 놀이를 한다. 마치 아이가 바닷가에서 모래성을 쌓듯이 그는 물과 흙으로 변신하면서 높이 쌓았다가는 부수곤 한다."(PHG: KSA1, 830)

4) 퀴로스 이야기는 헤로도토스의 역사 I권에 등장한다. 여기에 관해 헤로도토스 2009: 87-157 참조.

5) 그리스의 종교와 운동경기 그리고 축제가 근본적으로 '경쟁'에 뿌리를 두고 있으며, 그리스인들은 경쟁을 통해 탁월성의 가치를 실현한다. 여기에 대해서는 장영란 2013: 281-301 참조.

Wettkampf)(1872)이다. 니체는 호머의 세계관이 그리스인의 세계관을 요약하고 있다고 보는데, 그것은 바로 아곤에 뿌리를 두고 있기 때문이다.

니체가 볼 때 그리스인의 본성을 설명하는 가장 적절한 설명은 자연적 본성에 부합한다는 것이다. 이것은 근대인이 인간성과 자연적 본성 혹은 본능을 명확하게 구별하는 것과 큰 차이가 있다. 자연적 본성에 부합하는 인간본성은 "잔인함의 특성과 호랑이와 같은 파괴충동"(HW: KSA1, 783)에 기초한다. "그리스인의 영리함 – 승리하고 빼어나고자 하는 욕구는 극복할 수 없는 자연의 성향이며, 대등함에 대한 어떠한 존경과 기쁨보다 더 오래되고 근원적인 것이다."(MA: KSA2, 656) 헤라클레이토스가 이미 보여주었듯이 타자와의 싸움과 경쟁은 피해야할 것이 아니라 정의로운 것이고 자연스러운 것이다.

"그리스 조각가는 왜 전쟁과 투쟁들을 그토록 수없이 반복하여 형상화할 수밖에 없었으며, 또 증오나 승리의 자만심으로 긴장한 힘줄의 사지를 내뻗고 있는 인간의 육체들, 몸을 굽힌 부상자들, 마지막 숨을 그렁거리며 죽어가는 자들을 조형할 수밖에 없었는가? 왜 일리아드의 전쟁상(戰爭像)에서 전체 그리스세계는 환호성을 지르고 있는가? 나는 (…) 우리가 이것들을 일단 그리스적으로 이해하면 전율하게 되지 않을까 우려한다."(HW: KSA1, 784)

잔인함과 인간의 삶을 절멸시킬 수도 있는 전쟁에 대한 찬양과 그러한 본능이 자연스러운 것으로 받아들이는 그리스인들의 태도를 우리는 원시적이고 반문명적인 야만성으로 이해하기 쉽다. 경쟁에는 승패가 따르고 승자가 모든 것을 얻고 패자는 모든 것을 잃는 것을 제도적으로 금지하려는 노력이 문명사회라는 사실을 인정한다면, 분명 그리스인들의 경쟁에 대한 찬양은 쉽게 이해할 수 없다. 그러나 그리스인들은 우리가 생각하는 승자독식의 경쟁을 인정하지 않았다. 그들이 경쟁의 가치를 소중하게 생각한 것은 경쟁을 종식시키는 승부에 있는 것이 아니라 경쟁이 또 다른 경쟁을 자극한다는 점 때문이다.

그리스인들이 말하는 경쟁의 의미는 헤시오도스의 『일과 날』에 등장하는 불화의 여신 에리스(Eris)가 잘 보여주고 있다. 헤시오도스에 따르면 불화의 신 에리스는 쌍둥이이다. 한 신은 칭찬을 받을만하고 다른 쪽은 비난받아 마땅한 신이다. 우선 비난받을 에리스는 끔찍한 전쟁과 불화를 야기하는 잔혹한 복수의 여신이다. 이에 반해 좋은 에리스는 사람들 사이에 경쟁을 촉발하고 경쟁이 서로에게 이익이 되게 하는 선한 신이다.(헤시오도스 2009: 101)[6]. 니체는 두 명의 전혀 다른 에리스에 대해 이렇게 기술한다.

"우리는 다른 여신을 비난하는 것처럼 한 명의 여신을 찬양하고자 할 것이다. (…) 한 여신은 끔찍한 전쟁과 불화를 요구한다. 잔인한 여신! 어떤 사멸적 존재도 이 여신을 당해낼 수 없다. (…) 이 여신은 연장자로서 어두운 밤을 낳았다. 그러나 최고의 지배자 제우스는 다른 여신을 대지의 뿌리와 인간들 편에, 훨씬 선한 신으로서, 세워 놓았다. 이 여신은 미숙한 남자를 노동으로 내몬다. 재산이 없는 한 남자는 부유한 다른 남자를 주의깊게 바라보는, 재빨리 같은 방식으로 씨를 뿌리고 재배하고 집을 손질한다. 이웃은 번영을 추구하는 이웃과 경쟁한다. 이 불화의 여신은 인간에게 선하다."(HW: KSA1, 786)

첫 번째 에리스의 다툼은 증오와 시기에 기초한 적대감으로 표현된다. 이 적대감은 적에게 치명타를 가해 파멸시키는 것을 목표로 한다. 이러한 태도는 우리가 흔히 생각하는 승자독식주의의 경쟁에 해당한다. 그러나 그리스인들에게 경쟁은 두 번째 에리스의 본성으로 설명될 수 있다. 이 파멸의 여신은 인간에게 적을 공격하도록 자극하지만 "파괴적 투쟁이 아니라 경쟁의 행동을 하도록 자극"(HW: KSA1, 787)[7]한다. 경쟁의 당사자들은 상호 격렬하게 경멸하거

---

6) "고대 그리스인은 시기에 대해 우리와는 다르게 느꼈다. 헤시오도스는 그것을 선하고 은혜를 베푸는 에리스 때문이라고 보았다. 그리고 신들에게 시기하는 성질이 있다고 인정하는 것은 아무런 불쾌감도 일으키지 않았다. 이러한 사실은 [그리스인에게] 경쟁이 세계의 본성이었고 경쟁이 좋은 것으로 규정되고 평가되었기 때문에 이해할 수 있는 일이다."(M: KSA3, 45f.)

7) "고귀한 인간은 이미 자신의 적에게 얼마나 큰 경외심을 가지고 있는 것일까!—그리고 그러한 경외심은 이미 사랑에 이르는 다리이다……그는 자신을 두드러지게 하기 위해 스스로 자신의

나 증오하여 파멸될 것을 원하지 않는다. 적에 대한 존중과 승리와 패배의 교차가 나와 적 모두에게 도움이 된다는 것을 알 정도로 그리스인은 지혜로웠다.

그리스인들은 경쟁이 개인의 삶에 유익할 뿐만 아니라 공동체를 건강하게 하는 토양이 된다고 본다. 그리스 문화의 전성기에서 경쟁의 가치는 더욱 빛을 발한다. 올림픽에서 펼쳐진 체육 경기, 비극을 비롯한 문화 전반에서 펼쳐진 경연대회를 통해 그리스 문화 곳곳에 스며든 경쟁의 가치를 확인할 수 있다. 니체는 이러한 경쟁의 가치가 일상화된 시기를 호머의 시대로 본다. 호머의 작품에 등장하는 영웅들의 경쟁, 승리와 패배 그리고 승자의 패자에 대한 존중 등은 단순히 영웅을 미화하기 위한 수사가 아니라 당대 그리스인들의 세계관을 그대로 반영한다.

"모든 재능은 싸우면서 만개되어야 한다."(HW: KSA1, 789)는 경쟁의 가치는 그리스의 정치에도 그대로 반영된다. 경쟁은 공동체에 유익한 것이고, 경쟁의 종식은 공동체에 불행한 일이라는 것을 간파한 그리스인들이 고안한 정치의 기술 중 하나가 '패각추방'(ostrakismos)이다. 패각추방은 위험인물에 대한 일종의 인민재판으로 위험인물을 조개 또는 사기조각에 쓰게 하고 그것의 결과로 위험한 인물로 판결된 자를 국외로 추방하는 제도를 말한다. 주로 국외로 추방되는 자는 상대가 없을 정도로 압도적 힘을 가져, 권력을 독차지할 위험이 있는 자이다. 니체는 패각추방의 예를 에페소스 사람들이 헤르모도르를 추방한 것에서 찾는다. "'우리 가운데서는 어느 누구도 최강자가 되어서는 안 된다.' (…) 그렇게 되면 경쟁이 말라서 고갈되고, 헬레니즘 국가의 영원한 생명근거가 위험해지게 되기 때문이다."(HW: KSA1, 788)

그리스인의 패각추방에서도 잘 드러나듯이 경쟁의 진정한 의미는 탁월한

적을 요구한다."(GM: KSA5, 273)

사람과 독재자에 대한 시기나 권력 분산을 목표로 하는 것이 아니다. 그것은 한 사람의 천재나 독재자가 경쟁의 가치를 고갈시키고 개인들의 재능과 힘의 확장 기회를 박탈함으로써 공동체 전체의 쇠퇴를 초래하는 것을 막기 위한 것이다. "이 특별한 제도[패각추방]의 본래적 의미는 조절장치의 의미이기보다는 자극수단의 의미이다. 사람들은 힘들의 경쟁이 되살아날 수 있도록 뛰어난 개인을 제거한다. 현대적 의미에서 천재의 '독점'에 적대적인 사상은 사물들의 자연적 질서 속에는 서로의 활동을 자극하는 천재들이 항상 여럿 있게 마련이며 또 그들은 서로 중용의 한계를 지킨다는 사실을 전제한다. 이것이 그리스적 경쟁-표상의 핵심이다. 이 사상은 일인지배를 혐오하며, 그것이 지닌 위험을 두려워한다."(HW: KSA1, 789)

경쟁을 촉진하는 사회는 "천재에 대한 보호수단으로서 - 제 2의 천재를 욕망한다."(HW: KSA1, 789) 니체는 그리스의 아곤사상이 자신의 시대에 던지는 의미가 적지 않다고 확신한다. 우리는 경쟁을 이기심의 발로로 보아 그것을 악으로 취급하고 경쟁 대신 평등을 교육의 목표로 삼는다. 그러나 그리스인들의 경쟁은 개인의 이기심을 충족시키는 수단이 아니라 공동체의 안녕에 기여한다. 그들이 마라톤을 하거나 창을 던져서 또는 노래를 불러서 승자가 되었을 때, 얻는 것은 월계관의 명예가 전부였다. 월계관의 명예는 또다시 신에게 바침으로써 승자는 자신이 공동체의 일원임을 보여준다.

천재의 보호수단으로서 제 2의 천재를 욕망한다는 그리스인들의 경쟁에 대한 사유는 평등교육의 문제점을 수월성 교육으로 해결하려는 성과중심주의의 경쟁과는 전혀 다른 것이다. 수월성 교육이 승자독식주의를 정당화하는 수단으로 전락했다는 것은 약탈적 자본주의가 잘 보여주고 있다. 자본주의 사회에서 경쟁은 적에 대한 존경은 물론 공동체의 이익도 고려하지 않는다. 경쟁은 지속될 것이나 그것은 승리자만을 위한 것이며, 승자의 독식만큼 패배자의 절망과 복수심이 그만큼 증대된다. 또한 자본주의 사회에서 승자는 언제나 승자이고, 패자는 언제나 패자가 될 공산이 농후하다. 따라서 그리스적인 경쟁은 우리에게 너무나 낯설다. "보아라, 나의 위대한 경쟁자들이 할 수 있는 것을 나도 할 수 있다. 그렇다, 나는 그들보다 더 잘 할 수 있다. (…) 오직 경쟁만이 나를 시인으로 만들고, 지혜로운 자로 만들고, 웅변가로 만든다!"(HW: KSA1, 790)

니체는 그리스문화의 뿌리를 아곤에서 찾는다. 아곤은 인간의 자연성 속에 있는 타자에 대한 공격과 관련된 충동에서 비롯되었지만 그것은 충동의 조야한 상태를 극복한 것이다. 아곤은 자신의 힘을 극대화하고자 하는 개인들의 욕망에서 시작하지만 타자의 힘을 존중한다. 비록 경쟁은 승패가 나뉘지만 승자는 재화가 아니라 명예를 원한다. 또한 승자와 패자의 자리는 늘 바뀔 수 있어, 승리는 경쟁을 종식시키는 것이 아니라 경쟁의 지속을 가능하게 한다. 경쟁이 공동체를 이롭게 하기에, 공동체는 경쟁의 지속을 가능하게 할 다양한 제도를 고안한다. 그리스 문화에서 최고로 경계한 것은 경쟁에서 절대적이고 배타적인 승리와 그것으로 인한 경쟁의 종식이다. "그리스인은 지속적 경쟁 없이는 명예를 견뎌낼 수 없었으며, 경쟁이 끝났을 때의 행복을 견딜 수 없었다."(HW: KSA1, 791)

그러나 그리스인들이 우려한 사태는 초래되었다. 그것은 그리스문화의 몰락과 밀접한 관계가 있다. 아곤을 통해 지탱되던 그리스문화가 아곤 이전, 즉 호머시대 이전의 야만으로 되돌아가게 된 것이다. 그것에서는 고독한 승리자의 파괴욕과 증오 그리고 패자의 시기심과 복수심으로 서로에 대한 존경심과 배려는 존재하지 않는다.[8] "어떤 경쟁자도 적도 없는 인간이 고독한 명예의 정

---

8) 니체는 승리자의 오만과 도취 그리고 패자에 대한 경멸의 대표적인 예시로 마라톤에서 우승한 '밀티아데스'를 든다. 그는 자신의 우승을 자신과 적대적 관계에 있는 파로스의 한 시민에 대한 복수에 활용한다. 자신의 복수심에 자신의 명예, 국가의 재산, 시민들의 존경심을 활용한다. 여기에 대해서는 HW: KSA1, 791 참조.

점에 서 있는 것을 이 신이 보았을 때, 그의 시기심은 불붙었다. 이제 그의 옆에는 오직 신들만이 있을 뿐이다. – 그는 신들을 적으로 만든다. 신들은 그를 오만의 행동으로 유도하고, 그는 이 오만 속에서 파멸한다."(HW: KSA1, 792) 니체는 고독한 승리자의 잔인함과 오만 그리고 그것으로 인한 공동체의 몰락을 그리스의 해체기, 즉 그리스와 스파르타의 전쟁과 전쟁후의 변화된 그리스 사회에서 찾는다. 이 시기 "그리스 국가는 그리스인과 마찬가지로 타락한다는 사실을 증명하였다. 그리스 국가는 사악하고 잔인해지며, 복수심에 불타 패덕하게 된다. 간단히 말해 그것은 '전(前) 호머적'으로 된다."(HW: KSA1, 792)[9]

2.2. 그리스 비극은 경쟁의 산물

'모든 재능은 싸우면서 만개한다.' 니체에 따르면 그리스의 아곤 정신이 문화적으로 가장 빛나는 형태로 결실을 맺은 것은 그리스 비극이다. 그리스 비극의 3대 작가인 아이스킬로스, 소포클레스, 에우리피데스는 모두 비극 경연대회를 통해 시민들에게 알려진 작가이고, 그들이 비극에서 주로 주제로 삼은 것은 신 혹은 영웅들의 경쟁이다.

그리스인들은 삶에서 마주할 수밖에 없는 경악과 공포를 극복하기 위한 비책으로 인간과 신들 사이의 중간세계, 즉 허구의 세계를 만든다. 그것이 바로 신화와 예술이다. 『비극의 탄생』(1972)은 그리스인들이 비극을 통해 어떻게 염세주의를 극복했는가에 대한 청년 니체의 생각을 고스란히 담은 처녀작이다. 이 저서에서 아곤적 사유는 주로 비극의 탄생에 관련된 두 충동, 즉 '아폴론적인 것'과 '디오니소스적인 것'과 관계한다. 이 충동은 인위적인 것이 아니라

---

9) "마침내 체육 경기와 예술대회가 쇠퇴하게 되었을 때 그리스 국가는 내부적인 동요와 해체에 빠지고 말았다."(MA: KSA2, 656)

자연성에서 비롯된다. 즉 그것은 "예술가의 매개를 거치지 않고 자연 자체로부터 용솟음치는 예술적인 힘들"(GT: KSA1, 30) 이다.

니체에서 예술충동은 아곤처럼 인간의 자연성과 관계하고, 이 자연적 힘들은 상호간 경쟁 놀이를 통해 예술작품을 탄생시킨다. 아폴론적인 것은 꿈에 비유될 수 있다. 아폴론적 예술은 꿈 혹은 이상을 뿌리로 삼는다. "조형가의 예술은 꿈과의 놀이이다." 이에 비해 디오니소스적 예술은 도취를 양식으로 한다. "디오니소스적 예술가의 창조는 도취와의 놀이이다."(DW: KSA1, 554f) 형상을 지향하는 아폴론적 꿈의 놀이와, 형상 너머의 도취와 관계하는 디오니소스적 충동은 상호 경쟁한다. "호머의 경쟁"에서도 보았듯이 아폴론적인 것과 디오니소스적인 경쟁은 자신과 상대를 모두 고양시키게 된다. 그들의 행복한 경쟁은 그리스 문화의 꽃인 비극을 탄생시킨다.

그리스 아곤의 제 1원리는 '모든 재능은 경쟁을 통해 만개되고, 경쟁은 새로운 경쟁을 촉진할 때 그것의 정당성을 가진다는 것'이다. 따라서 아곤에서 멀리해야할 금칙은 경쟁을 죄악으로 취급하는 것과 경쟁에서 승자독식주의를 허용하는 것이다. 니체는 두 경우 모두 경쟁을 고갈시켜 문화를 병들게 한다고 본다. 니체는 특히 승자독식주의가 문명이전의 야만적 상태로 인간을 몰아넣을 것이라고 경고한다. 이 점은 『비극의 탄생』에서 그리스인과 야만인들의 디오니소스축제를 비교하는 곳에서도 잘 드러난다.

그리스로 전파되기 전 디오니소스 축제는 바빌론을 비롯한 소아아시아 여러 민족에서 광란의 형태로 펼쳐졌다. "거의 모든 곳에서 이 축제들의 중심은 성적인 방종이었고, 이러한 방종의 물결은 모든 가족 제도와 그것의 신성한 법규를 휩쓸고 지나갔다. 다름 아닌 자연의 가장 난폭한 야수들이 이 축제를 기회로 풀려나와 음욕과 잔인함의 저 혐오스런 혼합이 이루어졌다."(GT: KSA1, 32) 이에 반해 그리스로 건너온 디오니소스 축제인 사티로스 축제는 "세계구원의 축제와 성화의 축일"(GT: KSA1, 32)로 바뀌게 된다.

야수들의 축제에서 세계구원의 축제로 바뀐 것은 아폴론적 힘이 디오니소스적 충동을 적절히 제어했다는 의미이다. 즉 원시적이고 야만적인 자연적 본능의 상징으로서 디오니소스는 그리스에서 아폴론화된 디오니소스로 변신하게 되었던 것이다. 그리스적 아곤의 가치가 다시 한 번 빛을 발하는 순간이었다. 디오니소스적인 야만적 충동은 아폴론의 질서와 규범적 힘과 만나 예술적 현상으로 승화된다. 그리스의 아곤적 사유가 보여주듯이 디오니소스적인 도취 충동과 아폴론적인 척도를 부여하는 충동은 상호 경쟁을 하면서도 서로를 배척하지 않는다. 오히려 두 충동은 언제나 경쟁의 팽팽한 긴장과 힘의 균형을 꾀한다.

아폴론과 디오니소스적인 두 충동은 비극의 기원이 될 뿐만 아니라 동시에 상이한 예술적 양식의 기원이기도 하다. 아폴론적인 것은 아름다운 형상을 목표로 하는 예술의 뿌리가 된다. 따라서 아폴론적인 것은 형상(이데아)을 표상(재현)하는 능력과 관계하고, 이 때문에 니체는 "아름다운 가상의 신은 곧 참된 인식의 신이기도 해야 한다"(DW: KSA 1, 564)고 본다. 형상은 인간의 감각기관 중 주로 시각과 관계한다. 그러므로 회화, 조각과 건축 등 시각 중심의 예술은 아폴론적 예술에 속한다. 반면 디오니소스적 예술은 '개체화 파괴의 원리'에 기초하고, 즉 시각을 너머선 세계와 관계하는 데 그것은 주로 촉각 및 청각과 깊은 관계가 있다. 따라서 무용과 음악은 디오니소스적 예술로 분류될 수 있다. 니체는 사티로스 축제에서 춤과 음악, 특히 합창이 중심이었다는 사실을 지적하면서 기원의 관점에서 음악이 미술에 앞선다고 강조한다.[10]

---

10) 비극에서도 이러한 생각은 그대로 유지된다. "비극은 근원적으로 합창이고, 그 외의 아무것도 아니다."(GT: KSA1, 44) 아폴론 역시 음악의 신으로 볼 수 있으나, 아폴론의 음악은 조화와 균형을 추구한다. 아폴론 음악과 디오니소스 음악의 차이는 두 음악을 대표하는 악기에서도 찾을 수 있는데, 아폴론의 음악은 주로 현악기, '키타라'로, 디오니소스의 음악은 주로 '아울로스'라는 관악기로 표현된다.

니체는 아폴론적, 디오니소스적 예술충동의 경쟁과 조화의 산물이 비극이라는 것을 거듭 강조한다. "서로 성격을 전혀 달리하는 이 두 종의 충동들은 대체로 공공연히 대립하면서 서로가 항상 새롭고 보다 힘 있는 탄생물을 낳도록 자극하면서 평행선을 이루며 나아간다. 이러한 탄생물들 속에서 저 대립의 투쟁은 영원히 계속되며, '예술'이라는 공통의 단어가 이러한 대립을 단지 외견상으로만 연결시켜 줄 뿐이다. 그 두 충동들은 그리스적인 '의지'의 어떤 형이상학적 기적을 통해서 결국에는 서로 짝을 맺게 되며, 이러한 결혼을 통해서 최종적으로 아폴론적이면서도 디오니소스적이기도 한 아티카 비극 작품이 산출되는 것이다."(GT: KSA1, 24f.)

그리스 문화의 건강성을 구현하던 비극은 기원전 6세기 경 쇠퇴기에 들어선다. 앞서 "호머의 경쟁"에서도 살펴보았듯이, 그리스 문화의 쇠퇴는 아곤 가치의 변질과 밀접한 관계가 있다. 그리스 비극의 쇠퇴는 3대 비극작가 중 맨 마지막에 등장하는 에우리피데스에서 본격적인 징후를 보인다. 그러나 니체는 비극의 쇠퇴와 몰락의 진정한 주범을 소크라테스에서 찾는다. 소크라테스에게 비극은 "모종의 비이성적인 것"인 것으로 보이고, "결과 없는 원인으로, 원인 없는 결과인 것같이 여겨진다."(GT: KSA 1, 92) 따라서 비극의 비논리성은 논리 속으로 편입되어야만 한다. 소크라테스의 본능, 즉 모든 것은 논리적으로 이해되어야 한다는 입장을 비극에 도입한 사람이 바로 에우리피데스이다. 에우리피데스는 "모든 것은 아름답기 위해 의식적이어야 한다"(GT: KSA 1, 87)고 생각한다. 즉 그는 "미학적 소크라테스주의"(GT: KSA1, 85)를 비극 속에 구현하는데, 비극은 설명될 수 있어야 한다는 신념을 작품 속에 구현한다.

비극에서 미학적 소크라테스주의는 치명적인 것인데, 그것은 비극에서 아폴론적인 '개체화의 원리'가 디오니소스적 '개체화의 파괴의 원리'를 완전히 추방했다는 것을 의미하기 때문이다. 이제 비극에서 인간의 운명에서 비롯되는 삶의 부조리성과 세계의 인식불가능성은 추방된다. 따라서 디오니소스적 음악정신으로부터 탄생했던 비극은 완전히 사멸될 수밖에 없었고, 그 대신 사이비 비극이 등장하게 된다. 에우리피데스의 비극에서 신의 권위에 도전하고 인간의 사랑을 노래하는 주제가 자주 등장하는 것도 우연이 아닌 것이다. 또한 그의 작품이 공연되는 무대에서는 음악은 최소화되고 그 대신 배우들의 대사가 많은 부분을 차지하게 된다. 니체에 따르면 비극은 점차 논쟁의 예술, 즉 "변증법의 쨍그랑거리는 무기놀이"(DW: KSA 1, 546)가 되었던 것이다. 비극에서 아폴론적인 것이 디오니소스적인 것을 추방했다는 것은 아곤적 가치의 쇠퇴를 의미한다. 이곳은 곧바로 문화의 위기를 뜻하는 것이다. 경쟁의 원리가 사라졌을 때 "그리스 국가는 내부적인 동요와 해체에 빠지고 말았다."(MA: KSA2, 656)

2.3. 아곤은 인성 교육의 근거: 니체의 위대한 개인의 훈육

"나는 평등을 설교하는 저와 같은 자들과 섞이고 혼동되기를 원치 않는다. 정의가 내게 말해주고 있기 때문이다. '사람들은 평등하지 않다'. (…) 그리고 그들 사이에 더 많은 전투가 벌어지고 더 많은 불평등이 조성되어야 한다."(Z: KSA4, 130) 니체가 그리스의 아곤 개념에 주목한 것은 자신의 시대를 대변하는 평등의 이념과 그것이 유럽문화에 끼친 치명적 결과, 즉 니힐리즘의 늪에서 빠져나오는 단서를 아곤이 제공하기 때문이다. 니체는 평등의 가치를 신봉하는 근대인들을 무리동물로 칭하고, 무리동물로서 인간의 가장 큰 특징을 예외를 허용하지 않는다는 점에서 찾는다. 인간본성을 평등에서 찾는 것은 자연에 반하는 태도라는 것은 그리스인들이 모범적으로 보여주고 있다.

인간의 가치는 경쟁에서 꽃 피우며, 경쟁의 가치가 종결되는 곳에 문화의 타락이 있다. 경쟁은 개인의 힘의 차이에서 비롯되며, 힘의 차이, 즉 거리의 파토스(das Pathos der Distanz)가 있는 곳에는 사람들 사이의 '위계'(Rangordnung) 역시 존재한다. 니체는 경쟁의 가치가 실현된 역사적 사례를 자주 귀족제를 예로 들어 설명한다. 귀족제 사회는 "인간과 인간사이의 위계질서나 가치의 차이의 긴 사다리를 믿어왔고 (…) 거리의 파토스가 없었다면, 점점 더 높고 더 드물고 더 멀리 더 폭넓게 긴장시키는 더 광범위한 상태의 형성은, 간단히 말해 인간 유형의 '고양'은, (…) 지속적인 인간의 자기극복은 전혀 생겨나지 않았을 것이다."(JGB, KSA 5, 205)

그런데 여기서 우리가 주의해야 할 점은 니체가 귀족제를 언급할 때 정체(政體)로서 보다는 가치체계로서 바라본다는 것이다. 니체가 '귀족제'보다는 '귀족적'이라는 형용사를 자주 쓴다는 것도 이런 배경에서 비롯되었을 것이다. 또 귀족적이라는 말을 정신적 탁월함과 거의 같은 의미로 쓴다는 점도 이를 뒷받침한다. "그들의 탁월함은 (…) 물리적인 힘이 아닌, 정신적인 힘에 있었던 것이다 - 그들은 좀 더 완전한 인간이었다."(JGB, KSA 5, 205f.(257)) 니체에게 탁월한 인간은 자신의 삶을 형성하는 자로서, 즉 '주권적 개인'(souveraine Individuum)(GM: KSA5, 293)이나 '위버멘쉬'이다. 그런데 주권적 개인이나 위베멘쉬는 태어나는 것이 아니라 길러진다. 이것은 니체가 생각하는 인성교육의 핵심을 말해준다.

니체의 인성교육은 '주권적 개인'을 길러내는 것이다. 그는 주권적 개인과 자기극복을 나무에 비유하곤 한다. "하늘 높이 자라려는 나무들이 과연 비바람이나 눈보라를 겪지 않고 제대로 그렇게 자랄 수 있을 것인가?"(FW: KSA3, 390(19)) 자기를 극복한다는 것은 내·외적 저항을 이겨낸다는 것을 의미한다. 이것을 위해 그는 보다 강해지려하고 타자를 지배하려는 '힘에의 의지'(Wille zur Macht)를 신뢰하고 따른다. "강한 종들은 자신들이 풍부한 힘과 넘쳐날 듯이 풍요로운 힘을 갖고 있는 동안에는 사물의 있는 그대로의 모습을 보려는 용기가 있다."(N: KSA13, 228(14[22])) 니체는 비록 모든 인간이 주권적 개인이 될 수 있는 가능성을 가지고 있다는 점은 부인하지 않지만, 즉 "위대함에 도달할 수 있는 능력이 있으나 우리 가운데 대부분의 사람들은 그것으로부터 깊이 분리되어 있다."(N: KSA11, 519f(35[25]))고 본다. 그렇기 때문에 대부분의 사람은 자신의 힘을 신뢰하기 보다는 무리 본능을 따른다.

주권적 개인을 길러내느냐 무리 본능을 쫓는 떼거리 인간을 양산하느냐의 문제는 결국 교육(Bildung)의 몫이다. 니체는 당대의 교육에 대단히 회의적이었으며 교육에서 아곤적 가치의 도입을 강조한다. "지금까지 '교육'은 사회의 이익을 염두에 두고 있었다. 그것은 미래를 위한 가능한 한 최상의 이익이 아니라 지금 현존하는 사회의 이익을 최고의 목표로 한다. 사람들은 사회를 위한 '도구'를 필요로 했다."(N: KSA12, 425(9[153]))[11] 니체에 따르면 근대는 교육의 목표를 "인간의 순화(Zähmung des Menschen)"(N: KSA12, 425(9[153]))에 두고, 현재의 사회를 유지시킬 수 있는 일꾼의 양성에 초점을 두었다. 이러한 교육 목표는 공동체의 미래를 생각하기 보다는 현재에 안주하는 소시민을 양산했다. 그래서 니체는 근대 교육이 "인간의 왜소화(Verkleinerung des Menschen)"(N: KSA12, 425(9[153]))를 초래하는 주범임을 지적한다.

근대 교육을 극복하는 길은 '위대한 개인'의 양육에 있음을 거듭 강조하는 니체는 그리스적 아곤 가치의 도입을 역설한다. 이 점은 "호머의 경쟁"과 비슷한 시기에 이루어진 강연 "우리교육기관의 미래에 관하여"(1872)에서도 잘 드러난다. "다시 한 번 말하지만 대중을 교육하는 것이 우리의 목표가 아닙니다. 선발된 개인, 위대하고 영원한 일에 적합한 사람들을 위한 교육이 우리의 목표입니다."(ZB: KSA1, 698) 이러한 교육의 목표를 달성하기 위해 니체는 길들이기의 일종으로 보는 근대 교육의 목표인 순화(Zähmung) 대신, 주권적 개인, 고귀한 영혼을 목표로 하는 "훈육(Züchtung)으로서의 교육"(N: KSA12, 339(9[1]))을

---

11) 니체의 아곤과 교육에 대해서는 T. Hoyer 2002: 579-642와 이상엽 2013: 213-237 참조.

대안으로 제시한다.

훈육에 해당하는 독일어 Züchtung은 원래 '사육, 재배한다'는 생물학적 용어인 züchten에서 비롯되었지만, 니체가 의미하는 훈육은 동·식물학에서 처럼 생식을 통해 개량된 종을 목표로 하지 않는다. 니체에게 중요한 것은 종과 같은 집단이 아니라 개인이다. "나는 인간 유의 발전을 전혀 믿지 않았다. 그러나 인간 유형 사이의 서열 문제는 언제나 있어 왔고, 그리고 언제나 존재할 것이다. 나는 상승하는 삶의 유형과, 퇴락하고 붕괴하고 약한 다른 유형을 구별한다."(N: KSA13, 481(15[120])) 그렇다면 왜 니체는 오해의 소지가 많은 훈육(Züchtung)을 위대한 개인의 교육 프로그램으로 선택했을까? 그것은 아마도 가치가 가진 생리학적 근원을 상기시킬 목적에서 의도적으로 선택한 개념일 것이다. 이것은 그리스인들이 자연성에서 아곤의 기원을 찾는 것과 같은 이치이다.[12]

또한 니체는 훈육이 특정 계급의 형성을 목표로 하지 않는다는 점도 분명히 함으로써 자신이 정체로서 귀족제가 아니라 가치체계로서 귀족제를 높이 평가함을 거듭 강조한다. 훈육은 "계층 사이의 일에 관한 것이 아니다. 우리에겐 좀 더 높은 계층도 없고, 따라서 좀 더 낮은 계층도 없기 때문이다."(N: KSA13, 637(25[1]))[13] "내 문제는 무엇이 인간을 분리하는가가 아니다 : 오히려 어떤 종류의 인간이 좀 더 고급한 자로서 선택되고 원해지며 훈육되어야 하는가이다"(N: KSA13, 191(11[413])).

니체에게 훈육은 철저히 인간의 '자연성'을 긍정하는 것에서 출발한다. 자

---

12) 니체에게 도덕 역시 자연적 기원을 가진다. 니체가 그리스도교를 비판할 때 그리스도교가 자연에 반하는 도덕이라는 점을 강조한다. "도덕적인 세계질서"라는 "반자연적인 인과율"(AC: KSA6, 194(25)).

13) 니체의 훈육이 인종주의와 무관하다는 사실에 대해서는 H. Ottmann 1999: 245 - 270 참조.

연성의 핵심은 아곤, 즉 힘에의 의지에 따르는 것이고, 훈육은 힘을 극대화하기 위한 위계와 거리의 파토스를 교육의 최고 목표로 삼는다. "많은 대립에 부딪혀야 한다는 대가를 치러야만 우리는 많은 수확을 거둔다 : 영혼이 긴장을 풀지 않고, 평화를 열망하지 않는다는 전제하에서만 사람들은 젊음을 유지할 수 있다. (…) 싸움의 포기는 위대한 삶의 포기인 것이다."(GD: KSA6, 84)

3. 아곤의 인성교육을 꿈꾸며

'모든 재능은 싸우면서 만개되어야 한다.' 그리고 '천재에 대한 보호수단으로서 제 2의 천재를 욕망한다.'는 니체가 파악하는 그리스 아곤의 핵심 정신이다. 그리스인들은 경쟁이 인간의 자연성에서 출발한다는 것을 부정하지 않는다. 그러나 그리스인들은 경쟁이 자연상태로 방치될 때 승자의 오만과 패자의 복수심으로 인간이 동물로 전락하게 될 것을 호머 이전의 그들의 조상의 삶에서 확인한다. 개별 인간의 재능이 경쟁을 통해 만개된다면, 그리고 그들의 잠재력을 최대로 발휘하는 것이 공동체를 위해 좋은 것이라면, 그리스인들은 경쟁을 종식시킬 위험이 있는 한 사람의 배타적이고 고독한 천재를 공동체를 위해 살해해야 한다는 실천적 지혜도 발휘한다.

니체가 발견한 그리스인의 아곤적 사유가 우리에게 전하는 교육적 의미는 무엇인가? 먼저 경쟁을 통해서만 인간의 재능이 만개한다는 그리스적 아곤은 교육에서 자연성 회복에 도움을 줄 것이다. 니체는 살아 있는 모든 존재는 '힘에의 의지'를 따른다고 본다. 그리고 힘에의 의지는 위계와 거리의 파토스를 긍정한다. 모든 인간은 평등한 권리를 가진다는 근대의 보편적 평등권은 교육에서도 '국민교육'이라는 이름으로 제도화된다. 니체는 보편교육이 힘에의 의지, 즉 자연성을 촉진하기보다 그것을 억압하여 능력과 취향이 평균화된 인간을 길러내는 데 주력했다고 비판한다. 보편 교육은 힘의 확장과 자기극복을 포기하고 '숫자의 비열함'에 의존하는 군중을 양산했다. 오늘날 우리 눈에 펼쳐지는 교육 현장에서의 경쟁은 그리스적 아곤과는 무관하다. 그리스적 아곤은 생존만을 위한 것도 아니고 더욱이 재화를 목표로 하지도 않았다.

둘째, 그리스적 아곤은 천재의 보호 수단으로서 제 2의 천재를 욕망한다. 그리스인들은 서로의 활동을 자극하는 천재들이 항상 여러 명 존재하고 천재들은 상호 중용의 한계를 지키는 지혜가 있다고 본다. 만약 천재들 간의 힘의 불균형이 심화되어 경쟁을 존속시킬 수 없을 때 공동체는 배타적이고 고독한 천재를 제거한다. 오늘날 우리 눈앞에 펼쳐지는 자본주의 역시 경쟁을 최고의 가치로 삼는다. 그러나 자본주의에서 경쟁은 그리스적 아곤처럼 공동체의 유익함을 목표로 하지는 않는다. 오늘날 자본주의는 경쟁을 종식시키는 것이 목표가 되기라도 하는 것처럼, 수단과 방법을 가리지 않은지 오래다. 이른바 약탈적 자본주의는 교육 현장에서 보다 생생히 목격된다. 그곳에서 제 2의 천재를 소중히 생각하는 사람은 드물다. 우리의 교육 현장에는 니체가 말하는 호머이전의 시대로 돌아간 야만적 그리스가 있다.

셋째, 니체는 그리스적 아곤정신을 바탕으로 근대의 계몽주의를 계몽할 새로운 계몽을 꿈꾼다. 그가 생각하는 계몽의 출발은 새로운 인간, 즉 주권적 인간 혹은 위대한 개인을 길러내는 것이다. 니체에게 보편적 인간의 양성을 목표로 하는 교육이념과 그것을 실현하려는 정형화되고 강제된 교수법에 기초한 근대적 교육은 평균인을 길러내는데 유효했다. 따라서 새로운 인간을 위한 훈육 교육은 근대적 교육을 극복하는데서 출발해야 한다. 그 첫 출발점은 인간의 자연성을 긍정하는 것이다. 인간의 자연성에는 아곤의 가치가 잠재한다. 교육이 우선적으로 해야 할 일은 개인이 가진 힘과 능력을 최고로 고양시키는 것이다. 국가는 경쟁이 행복이고 구원으로 다가올 수 있도록 경쟁의 지속을 가능하게 하는 제도를 마련해야 한다. 이러한 제도의 출발점은 배타적이고 고독한 승자의 오만과 패자의 복수심을 양산하는 승자독식의 약탈적 자본주의를 교육현장에서 추방하는 것이다.

하이데거의 교육개념과
인성교육의 존재론

오늘날 인간에 대한 물음은 기계와 인간의 공존으로 대표되는 인간 이후의 시대(post-human)의 문제와 밀접한 연관을 가진다. 인간의 인간다움은 어디서 어떻게 찾을 수 있을까? 인간의 인간다움이란 무엇일까? 이때 인간다움을 묻는 과정에서 등장하는 중요한 물음은 무엇인가라는 물음이다. 인성 교육을 위해 인간다움을 물을 때도 마찬가지다. 인간이란 무엇인가를 먼저 묻고 인간의 인간다움의 속성 가운데 하나로 간주하고 이를 지닌 인간을 키워내고자 한다. 이러한 접근 방식은 인성교육을 위한 10가지 덕목[1]을 제시하고, 이러한 인성을 지닌 인간을 키워내고자 하는 시도에서 잘 드러난다. 여기서는 인간이 갖추어야 할 특성 혹은 인간이 지닌 특성을 8가지로 분류하고, 이 특성의 범주에 들어맞는 인간형성을 시도하고자 한다. 이러한 접근 방식에 들어 있는 공통점은 인간이란 무엇인가라는 물음과 연관이 있다. 이 물음에는 역사적으로 거슬러 올라가면 아리스토텔레스의 문제의식과도 통하고, 서양 근대에서는 데카르트적 사유와도 통한다.

신경과학의 입장에서 보면 무엇인가의 물음을 통한 인성교육의 접근은 근

---

1) 여기서 말하는 8가지 10가지 덕목은 각각 배려, 소통, 정직, 예절, 존중, 책임, 협동, 효와 존중, 질서, 협동, 예의, 자주, 책임, 끈기, 도전, 성실, 공정이다. 이 가운데 공통점은 예절, 존중, 협동, 책임이다.

본적으로 뇌의 기능 중에서 해마의 기능에 집중했던 방식에서 벗어나 정동을 관장하는 기능을 활성화해야 한다는 것과 다를 바가 없을 것이다. 튜링테스트 (Turing test)에서 출발한 인공지능의 연구모델이나 인성 교육 모델 또한 구조적으로 보면 인간이 지닌 뇌의 어떤 속성에 따라 인간을 이해한데서 출발한다고 할 수 있다. 이렇게 인간이 지닌 특수한 속성에서 출발하는 접근 방식은 환원론적인 접근 방법이라 할 수 있다. 환원론적 접근 방법에서는 인간의 뇌가 주위세계 및 주위 사람과의 관계 속에서 무수한 정보 교환을 하면서 일어나는 유기체의 상호 작용은 거의 간과 된다. 즉 각 뇌의 기능들이 사물 및 타인과 교섭하면서 만들어 내는 사회적이고 역사적인 습관화의 과정을 망각한다. 그러기에 인간에 대한 물음은 사물을 연구할 때 묻는 것처럼 '…란 무엇인가'의 물음으로 접근해서는 안 될 것이다. 인간이란 누구인가를 물어야 한다. 왜냐하면 인간의 인간다움은 사물 및 타인과의 교섭가운데서 드러나는 현상과 떼어서 생각할 수 없기 때문이다. 더군다나 인간은 전통의 영향 속에서 추억과 불안 및 기대와 희망 가운데서 살아가는 역사적인 존재이다.

이 논문은 하이데거의 교수 취임 강연 「형이상학이란 무엇인가」(1929)와 「플라톤의 진리론」(1931/32)에 나타난 문제의식에 따라 앞에서 언급한 두 개의 사유 방식을 문제 삼고자 한다. 이 중에 하나는 인공 지능 시대를 특징짓는 알고리즘에 의한 사물 이해 방식이고, 다른 하나는 인성 교육의 접근 방식이다. 이 두 가지 접근 방식의 문제점을 생각하면서 인공지능과 인성교육의 접근 방식이 지니고 있는 한계를 지적하고 그 존재론적 토대에 대해서 질문을 던지고자 한다. 이 두 가지 접근 방식이 지닌 구조적인 공통점은 어떤 이상적인 본질 상태를 전제하고 이러한 상태에 이르는 것이 좋은 것이라는 낙관적인 가정, 그리고 이에 미치지 못하는 상태를 바꾸어서 거기에 부응하도록 맞추려는 시도라는 점에 있다고 할 수 있다. 인간다움의 가치를 실현하려고 하는 시도들에는 본질과 현상을 나누어서 생각하는 서양의 이원론적인 사고방식이 들어 있으며 이는 어떤 틀(Frame)을 정해 놓고, 틀 안에 끼우는 방식(enframe)으로 삶 또는 교육의 과정을 이해하는 경향에서 그대로 드러난다. 그리고 이러한 사유 방식을 가능하게 하는 바탕에는 무엇인가라는 물음이 깔려 있다.

1. 몰아세움(Ge-stell)으로서의 인성 교육

하이데거는 서양 근대 과학 시대의 사물 이해 방식의 특징을 몰아세움에서 보았다. 몰아세움이란 함께 모음 혹은 어떤 것의 집합을 나타낼 때 자주 쓰이는 독일어의 Ge-와 '세우다'라는 뜻의 Stellen이 합쳐진 단어이다. 하이데거는 이 단어로 서양 근대 과학 기술 시대의 사물 이해 방식을 설명하고 있는데, 이 말은 영어로 enframe이란 뜻으로 번역된다. 이 말은 "틀에 맞추다"라는 뜻이다. 과학 기술을 이렇게 몰아세움 혹은 틀에 맞추기로 이해한다는 것은 어떤 특별한 형이상학적 전제 아래서 사물을 설명하는 것을 뜻한다. 그 전제란 다음과 같다. 사물에는 두 가지 특성이 있는데, 그 하나는 본질이고 다른 하나는 현상이다. 현상은 본질의 단순한 드러남이기에, 현상을 설명하려면, 본질에 입각하여 설명되어야 한다는 것이다. 하이데거의 지적에 따르면 플라톤과 아리스토텔레스 이후 서양 전통에서는 불변의 본질에 입각하여 현상을 설명하는 것이 일반화 되었다. 어떤 특정한 본질적 속성 혹은 틀(frame)에 맞추어 사물을 이해한다는 말은 영속적인 것 아래에서 사물을 이해한다는 것을 뜻한다. 예를 들어 플라톤이 이 세상을 영원한 이데아의 빛에서, 아리스토텔레스가 사물을 불변의 실체(Ousia)의 빛 아래에서, 혹은 니체가 영원히 회귀하는 힘에의 의지를 우주의 원리로 설정하고, 유기체의 의지를 이해했던 것을 말한다. 하이데거는 이러한 사유를 형이상학 혹은 존재신학(Onto-theology)적 사유라고 불렀다. 하이데거에 따르면 서양 근대적 사유는 이러한 형이상학적 전통 및 세계관에서 자유롭지 못하다.

오늘날의 교양 교육도 마찬가지다. 오늘날의 교양 교육도 특정 시대의 이념이나 특정 전공 분야의 입장에서 자유롭지 못하다. 역사적으로 보면 교육 혹은 교양 교육에 대한 입장도 시대마다 변모해 왔다. 따라서 교양 교육을 하는 사람들도 특정한 세계관의 틀 아래서 학생들을 가르치려는 경향에서 자유롭지 못할 수 있다. 만약 교육자가 인간이 지닌 불변의 속성이 이성이나 공감의 능력에 있다고 보고, 이러한 인간의 본질에 이르도록 하는 것이 교육의 본질적인 목적이라고 생각한다면, 이는 서양 전통에서의 문제의식과 크게 다르지 않다. 이러한 입장에서 교육자는 이성적 능력이나 공감능력을 인간의 본질적 속성이라고 생각하고, 이 속성을 실현하는 것이 이상적이라고 생각한다. 교양 교육의 목적도 이러한 이상의 실현에 있다고 본다.

하이데거는 「형이상학이란 무엇인가」에서 대학이라는 제도의 틀 안에서 학문 활동을 하는 사람들은 이미 기존의 형이상학적 틀의 매뉴얼에 따라 지식을 전수할 뿐, 그러한 지식의 토대 혹은 지식이 드러나는 장소에 대해서 진지하게 생각하지 않는다고 비판한다. 하이데거가 이 강의에서 비판한 교육은 비유적으로 감옥 안에서의 독서에 비유할 수 있을 것이다. 감옥 안에서 책을 많이 읽지만, 그것이 정말 어떤 현실에 기반을 두고 형성된 것인지 또 새롭게 배운 지식이 맞는지 틀리는지 구체적인 삶의 현장 안에서 확인해 볼 수 있는 기회가 없다. 제도의 틀 안에서의 교육은 이렇게 구체적인 삶의 경험을 떠난 교육이기에 사물과의 직접적인 교섭을 통해서 드러나게 하는 차원이 결핍되어 있다. 제도의 틀 안에서의 교육 전수는 자주 시험이라는 틀 안에 갇혀 있다. 그래서 하이데거의 물음은 대학이라는 학문의 전통을 지배하는 형이상학적 전제는 무엇일까라는 물음을 제기한다. 이것이 하이데거가 형이상학이란 무엇인가라고 물었던 물음의 배경이다. 하이데거는 이렇게 말한다.

"수많은 학문 분야들은 서로 아주 멀리 떨어져 있다. 그 대상들을 다루는 방법들은 근본적으로 아주 다르다. 이렇듯 다양하게 갈라진 전문 분과들은 오늘날 대학 혹은 학부의 기술적인 조직에 의해서만 겨우 결합되고 있을 뿐이며, 또 전문 과목들의 실용적인 목적에 의해서만 겨우 그 의미를 유지해가고 있을 뿐이다. 이에 반해 학문들이 공통적으로 뿌리를 내리고 있는 그 본질 바탕은 완전히 메말라버렸다."[2]

하이데거에 따르면 대학의 연구자들은 이렇게 분과학문으로 전문화되고 파편화 되어 특별한 실용적 지식인만을 만들어 낼 뿐, 자신들이 어떠한 형이상학적 전제 위에서 사유하고 대학을 운영하고 있는지에 대한 존재론적인 성찰을 하지 않는다. 즉 이들은 대학의 분과학문의 교육 이념을 규정하는 가장 근원적인 이념에 대해 성찰하지 않는다. 오늘날에도 마찬가지다. 현대 사회에서 대학은 근대 부르주와의 경제적 이상에 따라 직업적인 관료를 만드는 것에 몰두한 나머지, 대학에서 통일적으로 가르쳐야 할 본래적 의미에서의 교양인(cultivated individuals)의 양성에는 크게 관심이 없다. 현대의 대학은 근대적 수학적 이성인 계산의 논리, 자본주의의 생산-소비의 논리에 의해 지배되었다고 해도 과언이 아니다. 하이데거는 「플라톤의 진리론」에서 플라톤이 『국가』에서 제시한 동굴의 비유를 독특한 관점에서 해석하는데 이는 오늘 우리가 지향해야할 교양교육에 좋은 시사점을 던져 준다.

2. 존재론적 차이를 알게 하는 교육

동굴의 비유에 대한 기존의 플라톤 해석은 동굴안의 그림자 세계와 동굴

---

2) 마르틴 하이데거, 『이정표1』, 신상희 옮김, 2005, 한길사. 150.

밖의 밝은 빛의 세계와의 차이를 강조한다. 즉 동굴 안의 세계는 현상계이고, 동굴 밖의 세계는 이데아의 세계라는 것이다. 플라톤은 동굴 밖의 세계가 실재이자 진리의 세계이며, 동굴 안의 세계는 실재도 아니고 실재의 그림자에 불과하다고 보았다. 동굴 안에서의 저급의 인식 단계에서 동굴 밖의 고급의 인식 단계로 오르려면 수학과 변증론이 필수이며, 이러한 과정을 거쳐야만 참된 인식에 이를 수 있다고 보는 것이 그의 입장이다. 하이데거는 기존의 플라톤 해석과 대조되는 해석을 시도한다. 하이데거가 동굴의 비유에서 주목하는 것은 동굴 안/밖에서의 인식의 차이에 있지 않다. 그는 이 비유에서 동굴 안의 죄수가 동굴 밖으로 나아가는 과정 그 자체에 주목한다. 하이데거의 해석에 따르면 이 비유에서 죄수가 한 단계에서 다음 단계로 이행하는 매 순간의 과정에서 그리스인들이 생각한 비은폐성(a-letheia)으로서의 진리사건이 일어난다. 하이데거는 각각의 단계에 주목하고, 나중에는 밝은 동굴 밖에서 동굴 안으로 들어간 단계를 진리 사건으로 이해한다. 하이데거에 따르면 그리스인들이 주목한 진리사건은 바로 속박에서 벗어나는 각 단계마다의 자유의 사건 및 이와 더불어 드러나는 비은폐성 이었다는 것이고, 이러한 의미가 플라톤의 해석을 통해 변형되었다.

후대의 플라톤 해석자들은 대체적으로 현상계/본질계라고 하는 두 세계 구분에 의해서 플라톤 사상을 이해하였다. 그리고 이러한 해석은 서양 사상사에서 큰 줄기를 형성했는데, 그것은 바로 사실과의 일치로서의 진리로 완성된다. 이런 해석에 따르면 플라톤의 동굴의 비유에서 진리 사건은 단 한차례만 일어난다. 즉 동굴 안에서 동굴 밖으로 나오는 단 한 차례의 사건만이 진리 사건에 해당된다. 이렇게 한번 일어나는 진리는 그림자에서 벗어나 참인 세계를 확인하는 과정에서 성립된다. 플라톤에게 있어서는 이데아의 세계가 실재 (reality)이기에 이 사실만이 진리이고 본질이며, 그 외에 동굴 안에서 일어나는 모든 경험은 진리와 거리가 멀다. 서양 근대 과학 전통 또한 이러한 실재를 수학적인 법칙성에서 찾았고, 이러한 플라톤의 진리 이해에 따라 현상을 넘어선 것이 무엇인가를 질문하고, 그에 타당한 법칙이 본질이자 진리로 간주하였다. 그런데 하이데거에 따르면 이러한 진리 이해는 플라톤의 동굴의 비유의 각 단계마다 드러나는 근원적인 진리사건을 망각한다.

하이데거는 동굴의 비유에서 죄수의 인식 상태를 네 단계로 나누고 특별히 네 번째 단계에 주목한다. 첫 번째 단계에서 동굴에 갇혀 있는 죄수는 인위적인 불에 반사된 그림자만을 보면서 살아간다. 두 번째 단계에서 죄수는 사슬을 풀고 자신 뒤에 있던 불을 발견하고는 이전에 자기가 실재라고 생각했던 것이 사실은 불에 의해 반사된 그림자임을 깨닫는다. 세 번째 단계에서 죄수는 동굴 밖으로 나가 바깥 세상에 있는 태양을 보고, 눈에 보이는 모든 것이 태양 때문에 가능한 것임을 알게 된다. 마지막 네 번째 단계에서 죄수는 다른 죄수들을 풀어주기 위해서 동굴 안으로 돌아온다. 플라톤은 이 단계 가운데 세 번째 단계에만 주목하지만, 하이데거는 첫 번째 단계에서 4번째 단계 모든 과정에 주목한다.

첫 번째 단계는 장작불에 의해 조명된 그림자만을 보는 단계이다. 인위적인 어떤 틀(장작불)에 의해 죄수는 자신의 잠재성을 보지 못하고 있는 그대로의 그림자의 세계를 바라본다. 두 번째 단계는 사슬을 풀고 뒤를 돌아보면서 지금까지 특정한 세계관의 틀에 의해서 세상을 바라보았음을 깨닫는 단계이다. 여기서 중요한 것은 사슬을 풀고 다른 곳을 바라볼 수 있게 되는 자유의 사건이다. 스스로 어떤 틀에 메이지 않고 자유롭게 바라보고 그 차이를 느낄 수 있는 계기는 바로 자신의 현실을 넘어설 수 있는 초월 때문이라고 할 수 있다. 이러한 초월은 스스로 질문을 통해 가능할 수도 있고, 누군가와 대화하면서 자각될 수도 있다. 중요한 것은 초월이 없는 처음의 단계에서는 진정한 의미에서의 교육(paideia, Bildung)은 일어나지 않는다는 것이다. 이 상태에는 특정한 세계상에 따라 사물을 기계적으로 바라볼 뿐, 다르게 바라볼 수 있는 가능성에 개방되어 있지 않기 때문이다. 두 번째에서와 마찬가지로 세 번째 단계에서 일어난 것도 자유의 사건이다. 자유롭게 동굴 밖으로 나가 동굴 밖의 세계를 바라보고 새로운 경험에 개방되었기 때문에 죄수는 자신이 지금까지 보았던 세계와 또 다른 세계의 차이를 알게 되었다.

이 과정에서는 자유로운 활동이 개입되어 있고, 이 비유에서는 누군가의 도움으로 이러한 과정에 이르게 되었다는 언급은 없다. 그리스적 의미에서 교육이란 일차적으로 이렇게 스스로 자신의 능력을 개발해서 성취하는 것과 연관되는 듯이 보인다. 이 두 개의 과정은 한 마디로 자유로운 행위를 통한 두 세계의 차이를 알게 되는 과정이다. 이 차이를 알게 되는 과정의 정점은 하이데거에게 네 번째 단계에서 분명해진다. 네 번째 단계에서는 실재를 본 죄수가 다시 자신의 고향이라 할 수 있는 동굴에 들어가 동료와 대화하고자 한다. 하이데거의 사유의 틀에서 유추해 볼 때, 이것은 존재론적 차이에 관한 대화와 연결될 수 있다. 이 점에서 볼 때 하이데거에게 스승 혹은 먼저 경험한자의 역할이란 서로 다른 세계에 관한 대화를 통해 대화 상대방이 스스로의 세계관을 상대화 하도록 보여주고자 하는 데 있다고 할 수 있다.

하이데거는 앞의 두 과정에서 죄수의 경험에서 일어났던 속박과 자유, 다시 자유에서 속박이라는 경험에 주목한다. 처음 그림자 단계는 속박이다. 두 번째 단계로 넘어가는 과정이 자유이다. 그런데 이 두 번째 과정은 자유이자 동시에 속박이다. 이것이 자유인 이유는 이전의 속박에서 벗어났기 때문이지만, 그와 동시에 이것이 속박인 이유는 새로운 세계로의 편입 곧 새로운 세계로의 속박 없이는 자유는 성립될 수 없기 때문이다. 두 번째 장작불 단계에서 태양 단계로의 진입도 마찬가지다. 이 단계에 이르는 과정도 한편으로는 자유의 사건이지만, 다른 한편으로는 역시 새로운 태양의 세계로의 속박의 과정이 진행된다. 따라서 하이데거가 보기에 자유와 속박의 사건은 동전의 앞뒷면처럼 언제나 동시에 일어나는 사건이다. 이러한 자유/속박의 과정에서 일어나는 것이 비-은폐성(Un-verborgenheit)인데, 이 비-은폐성의 사건은 동시에 은폐의 사건이고, 두 세계 사이의 존재론적 차이를 인식하는 과정이라고 할 수 있다.

3. 주체 형성의 문제

인공지능 연구에서 전제되고 있는 것은 캡슐화 된 자아, 생각 알고리즘의 안과 밖을 경계로 한다. 인공 지능은 외부로부터 입력된 자아정체성이라고 할 수 있을 것이다. 엄밀하게 말하면 인공 지능은 인간이 만들어 온 지금까지의 빅 데이터의 압축판이라고 할 수 있을 것이다. 4차 산업혁명 시대에 인성을 이야기 할 때도 마찬가지다. 인간 '안에' 있는 공감 능력이 밖으로 드러나도록 해야 한다는 점이 강조된다. 이 접근에서는 인공지능이 가질 수 없을 공감 능력이 더욱더 절실하게 필요하다는 점이 강조된다. 그렇지만 두 접근 방식은 데카르트의 사유하는 사물로서의 자아정체성에 대한 접근 방식과 크게 다르지 않다. 이 시도 역시 단지 사유하는 사물이 아닌 공감하는 사물을 만들겠다는 것이다. 하지만 자아는 이렇게 형성되지 않는다. 자아는 구체적인 경험을 바탕으로 하여 시간적·역사적으로 형성된다. 이러한 자아는 안과 밖이 따로 존재하지 않는다. 프로이드의 자아(ego)론이 이러한 측면을 이해하는데 도움을 준다.

프로이드는 인간의 생물학적 욕망이 사회적 도덕적 자아와 충돌하면서 현실원리에 따라 자신이 자아 정체성을 형성해 나간다고 말한다. 그에 따르면 인간의 자아는 자신의 충동을 실현하고 싶은 욕망원리와 사회적 억압에 순응하려는 현실 원리사이의 충돌 지점에서 형성된다.[3] 인간의 공감 능력이든 충동이든 기본적으로 인간이 몸으로 존재하는 한 세계와의 교섭에서 빠질 수 없는 측면이 인간의 감정이다. 내 감정대로 내가 하고 싶은 데로 무한히 실현하고 싶은 욕망은 가족에서는 아버지에게서, 사회에서는 타자의 시선에 의해서 제어된다. 이 과정은 일생을 통해 지속된다고 할 수 있다. 우리의 정체성은 그래서 사물과 타자와 교섭하면서 일생동안 변화해 가는 역동적인 형성과정에 있다고 말할 수 있을 것이다.

하이데거가 말하는 실존 혹은 탈존(Ek-sistenz)은 지금 내 눈 앞에서 존재하는 것 밖으로 나가는 것이다. 그에 따르면 지금 주어져 있는 것 밖으로 나가 존재하는 것을 다시 바라보고 메타(meta)적으로 사유하고 느낄 수 있는 존재가 바로 현존재로서의 인간이다. 하이데거의 이러한 인간 이해의 틀에서 볼 때 인공 지능 시대에 필요한 인성 교육은 인간을 단지 주어진 데이터를 처리하는 기계적인 능력의 향상도 아니고, 이성적으로 사유하고 공감하는 능력도 아니며, 자신에게 주어진 상황을 벗어나 자신의 현실을 역사적 사회적 안목에서 바라볼 수 있는 '능력'을 자각하는데 있다고 할 수 있다. 다양한 학문 분과를 비롯하여 문학, 역사, 철학으로 대표되는 인문학은 이러한 사람다움의 가치를 회복시키는데 도움을 줄 수 있을 것이다. 이런 맥락에서 볼 때 무엇보다 중요한 것은 자유로운 상상력과 비판적 사유, 그리고 역사적으로 현재를 바라보며 미래에 대한 전망을 지닐 수 있는 관계의 형성에 있다. 자신과 주위세계, 자신과 타인의 관계를 역동적으로 살필 수 있는 자유의 행사 혹은 초월이야말로 사회적 존재로서의 인간의 양심, 죄책감의 기초이며, 도덕적 가치의 토대로서 공감에 의한 책임과 연대는 이러한 자아의 역동성 가운데서만 가능하다. 흄과

---

3) Frank J. MacHobec, *Freud-His Contributions to Modern Thought*, New York, 1973. 30-36. 참조.

애덤 스미스는 인간의 공감 능력에서 도덕성의 기초를 보았는데, 칸트는 이러한 도덕적 능력을 인간의 타고난 이성적 능력에서 찾았다. 공감이든 이성이든 더불어 살아갈 수 있는 인성교육의 기초에는 인간이 지닌 '능력'을 발휘할 수 있도록 돕는데 있는 것이다.

하이데거는 『칸트와 형이상학의 문제』에서 이런 인간이 수행하는 자유 혹은 초월의 의미를 상상력 개념에서 찾았다. 특히 그는 칸트의 『순수이성비판』 초판에 있는 상상력 개념을 강조함으로써 시간성의 세 계기가 통합되는 경험이 존재 경험을 가능하게 한다고 보았다. 인공지능은 이러한 시간의 세 계기의 통합이 가능하지 않다. 물론 언젠가 자신만의 서사를 만들어 내는 인공 지능이 가능할 수도 있을 수도 있겠지만, 인공 지능에게는 추억이 아직 가능하지 않고, 추억을 바탕으로 현재를 이해하고, 미래를 전망하지 않는다. 인공 지능과 더불어 살아가게 되면서 현대인들은 점차 이러한 시간의 세 계기를 통합적으로 수용하면서 살기 보다는 현재의 시점(Zeitpunkt)의 문제 해결에만 집중한다. 하이데거가 말하는 시간의 탈자태(Ekstase)란 이러한 인간의 자유 혹은 초월 자체가 지니고 있는 시간성의 구조를 그대로 보여준다. 이것은 인간이 맥락을 이해할 수 있는 존재임을 뜻한다.[4] 물론 케어 로봇은 일정정도 상대방의 감정에 반응할 수 있도록 하여 상대방의 감정에 수동적으로 반응하다. 하지만 인간은 케어로봇의 제한된 영역을 넘어서 자신과 상대방이 처한 현실을 새로운 상황과 맥락에서 이해할 수 있다. 이 점에서 볼 때, 오늘날에 필요한 인성 교육은 특정하게 제한된 상황에서의 인과관계에 기초한 알고리즘적 사유로 설명될 수 없는 차원을 열어주는 데 있다.

---

4) 박일준과 드레이퍼스는 인공 지능이 접근할 수 없는 영역으로 신체성을 강조한다. 『인공지능 시대, 인간을 묻다』, 98-106. 참조. 휴버트 드레이퍼스, 『인터넷의 철학』, 최일만 옮김, 필로소픽, 2015. 43. 참조.

4. 해체 경험의 장소로서의 대학

앞에서 말했듯이, 플라톤은 동굴의 비유를 통해서 세 번째 과정을 강조하면서 이데아로서의 진리를 강조한다. 그리고 플라톤에게 이 이데아는 인간에게 본래 알고 있었던 망각에서 벗어나 상기(Anamnesis)하는 과정에서 인식가능하고, 이를 안내할 수 있는 사람이 이데아의 세계를 경험한 철학자이지만, 하이데거는 플라톤과 달리 두 번째 세 번째 뿐만 아니라, 네 번째 과정에서 이미 비은폐성으로서의 그리스어 본래적 의미에서의 Aletheia로서의 진리 사건을 읽는다. 여기서 중요한 것은 밝은 태양아래서의 실재만이 아니라, 존재론적 차이를 지각하는 것에 있다. 그러니까 하이데거의 철학적 사유의 길은 플라톤처럼 동굴안의 세계와 동굴 밖의 세계의 확연한 존재론적 차이에 서열을 두고, 동굴 밖의 세계로 나가는 길을 안내하는 것 것이 아니라, 이미 경험했던 세계와 새롭게 경험한 세계의 존재론적 차이에 주목하며 사유의 길을 가는 것이다. 이 점에서 소크라테스의 대화를 통한 접근법과 하이데거의 접근법에 차이가 있다고 할 수 있다.

플라톤과 하이데거 두 사람 다 인간이 스스로 교육할 의무가 있다는 점을 전제로 하여 자기 교육 혹은 자기 형성 과정에 동의하는 듯 보인다. 플라톤에게나 하이데거에게나 어느 한 세계에 깊이 갇혀 있어서 다른 자유 혹은 초월의 사건이 일어날 수 없는 상태에서는 진리 사건은 일어날 수 없다. 그러나 교육에 대한 두 철학자의 이해는 확연한 차이를 보인다. 네 번째 단계에 대한 해석에서 그 확연한 차이를 알 수 있다. 네 번째 단계에서 동굴 밖의 태양 아래서의 실재를 본 죄수가 동굴로 돌아오는데, 플라톤과 하이데거는 이 죄수의 임무를 다른 데서 찾는다. 플라톤은 세 번째 단계에 이르도록 하기 위해서 변증법과 수학 등이 동원되어야 한다고 생각하지만, 하이데거에게는 특별한 '방법'은 없다. 다만 대화를 통해 두 세계의 존재론적 차이를 지각하는 것이 중요하다. 하이데거에게 이 과정은 지금까지 간과되어 왔던 것, 망각된 것 혹은 은폐된 것에 기억하는 과정이다. 플라톤에게 있어 망각된 것은 동굴 밖의 이데아의 세계이고, 철학자의 임무는 이 세계에 이르도록 안내하는 데 있다. 이와 달리 하이데거에게 있어 은폐된 것은 존재론적 차이이다.

하이데거에게 진리 사건은 언제나 세계 개방의 사건임과 동시에 세계 은폐로서의 비(非)진리의 사건이다. 즉 존재자에서 존재의 사건을 경험하는 것이 진리 사건이라면, 이 사건은 교육(Paideia)이 일어나는 자유의 사건이면서 동시에 속박의 사건 인 것처럼, 존재의 사건은 비존재 곧 무의 사건과 동시적이다. 하이데거가 「형이상학이란 무엇인가」에서 제기한 무에 대한 질문은 바로 서구 형이상학과 이 전통에 바탕으로 해서 발전한 당시의 독일 대학을 운영하고 있는 대학 구성원들에게 던진 질문이기도 하다. 하이데거가 보기에 대학(Universitas)에서 일하는 교직원들은 서양 근대 학문은 플라톤 이후 전승된 형이상학적 전통을 보편성(Universitas)을 이상으로 하여 각 학문 분과 특성을 강조하며 그에 따라 인간을 교육하려는 틀에서 움직인다. 하이데거의 입장에서 볼 때, 이러한 서구 형이상학적 틀에서 사유하다 보면, 인간 스스로 자신이 사물 및 타인과 교섭할 수 있는 자유를 박탈한다. 동굴의 비유에서 하이데거가 주목한 네 번째 단계는 하이데거의 사유의 길과 밀접한 연관을 지닌다. 즉 하이데거의 존재 사유는 이 네 번째 단계에서 죄수가 다시 동굴 안으로 들어와 존재론적 차이를 알게 하려는 과정에 비유할 수 있다. 이는 하이데거의 해체의 시도에서 잘 나타나 있다. 하이데거가 말하는 해체(Destruktion)란, 새로운 경험을 통해 자각하게 된 두 세계의 세계 즉 존재론적 차이에 관심을 환기시키는 것이다.

인공 지능 개발을 위한 접근 모델이나 교양 교육 접근 모델이나 기본적으로 데카르트가 설정하는 환원론적인 접근 모델에서 출발한다. 데카르트의 사유하는 사물(res cogitans)에서 출발하는 것이나 공감하는 능력에서 출발하는 것

역시 요소론적 환원론적인 접근이라는 측면에서 크게 다르지 않다. 동양전통에서의 인성론이나 애덤 스미스가 『도덕 감정론』에서 공감 능력을 기초로 도덕에 접근하려고 한 것도 전형적으로 이러한 접근이라고 할 수 있을 것이다. 인성 교육의 덕목을 지정하고 이에 따라 인성 교육을 시켜야 한다는 것은 인간의 역동적인 세계와의 교섭 방식을 특정한 틀 안에서 제한하는 것을 의미한다. 혹은 특정한 시대에 중요한 것으로 간주된 가치를 일방적으로 주입하는 것이 인성교육의 목표가 될 수도 있다.[5] 한국의 인성교육 진흥법에 따른 인성 혹은 인간이 지녀야 할 품성에 해당하는 것들에는 예, 효, 정직, 책임, 존중, 배려, 소통, 협동 등이 있다. 이는 사물을 범주화 하듯이 인간을 범주화하는 것과 다를 바가 없다. 어떤 속성에 입각해서 사물을 바라보도록 하기 때문에 특정한 관점에 의해 편향적인 인간을 만들어 낼 수 있다.

예를 들면 이성적인 사유 능력이나 공감과 연대의 능력이 특정한 시대 상황과 맥락 없이 무조건적으로 옳은 가치는 아니다. 이는 역사적으로 보아도 잘 알 수 있다. 인간의 이성을 강조한 서양 근대의 계몽의 가치는 오늘날 문제시 되고 있다. 이성을 인간 일반의 특성으로 일반화 하여 식민지 수탈을 가능하게 했던 것은 잘 알려진 사실이고, 그 가치만이 보편적이라고 주장하여 그에 미치지 못하는 사람을 멸시했던 것도 이를 뒷받침 해준다. 이러한 접근은 인간의 진리 경험이 문화적 상대성 혹은 다원성을 지닌다는 사실을 보지 못하게 한다. 이와 달리 존재론적 차이 혹은 세계관의 차이에 주목한 것은 문화상대주의적 입장, 다원주의적 입장을 가능하게 하며, 자신과 주위 세계를 역사

---

5) 머레이 마일스는 시대마다 다른 휴머니즘 전통을 소개한다. 그는 여기서 플라톤과 그리스 휴머니즘, 아퀴나스와 중세의 기독교 휴머니즘, 칸트와 계몽주의 시대의 휴머니즘, 르네상스의 휴머니즘, 낭만주의 휴머니즘, 실존주의 휴머니즘 등을 언급하고 있다. Murray, Miles, *Heidegger and the question of humanism*, Man and World, Volume 22, 1989.427. 참조.

적, 문화적 상대성의 관점에서 이해하게 해 준다. 이러한 관점에서 볼 때, 하이데거의 교육론은 실천의 장과 밀접하게 연관된 시민교육이고, 자신의 세계를 다른 세계와 연관해서 살펴보는 것이기에 근본적으로 세계 시민 교육과도 연결된다.[6]

하이데거에 따르면 서양 전통에서 교육의 가장 근원적인 의미를 가진 그리스어의 파이데이아(paideia)의 의미는 죄수의 상태에서 자유의 몸이 되는 것과 밀접한 연관이 있다. 그런데 이러한 관점은 플라톤에 의해 특정한 틀에 따라 교육시키는 것으로 이해되었고, 서양 근대 계몽주의의 정신도 이러한 정신과 연결되어 있다고 할 수 있다. 무지의 어둠에서 벗어나 밝은 이성의 빛으로 나오도록 하는 것이 계몽의 과제였고, 스스로 생각할 수 없는 속박에서 벗어나 인간 자신의 능력으로 독립적이고 주체적인 자유인이 되도록 하는 것이 인성교육의 의미라고 할 수 있다. 한국의 상황에서도 이러한 주체를 키워 나가는 일이 매우 중요하다. 자유롭게 자신의 생각을 말할 수 있는 주체를 키우기 보다는 이미 주어진 정보를 기계적으로 수용하여, 단기·장기 기억의 창고에 저장했다가 특정한 날에 창고 대 방출 하는 것을 교육의 목표로 삼고 있는 상황에서는 더욱더 그렇다.

근대 계몽주의 정신은 자주 바로 이렇게 이성을 사용할 수 없는 어둠의 상태에서 벗어나 이성을 자유롭게 사용할 수 있는 밝은 빛(Lumières, enlightenment)의 세계로 나가는 것에 비유되곤 한다. 칸트도 자신의 타고난 이성을 발휘하지 않는 것이야말로 정언명령에 위배되는 것이라고 말했다. 하지만 인간의 보편적 이성이나 공감 능력은 철학자의 상상력에서나 존재할 뿐, 그 어디에도

---

6) 하이데거 철학과 실천의 문제에 관한 논의로는 다음의 책을 참조. Annemarie Gethmann-Siefert und Otto Pöggeler, *Heidegger und die Praktische Philosophie*, Suhrkamp: Frankfurt am Main, 1989.

존재하지 않을 지도 모른다.[7] 그러나 인공 지능이 특정한 틀 안에서 진행되는 가상현실이듯이, 모두가 공감하고 연대해야 하는 인간이 존재하는 세계는 가상현실일 뿐이다. 이제 문제를 다른 각도에서 바라볼 필요가 있다. 이는 물음 방식의 전환과 밀접하게 연결되어 있다. 인간이란 무엇인가의 물음에서 인간이란 누구인가의 물음으로의 전환이 필요하다. 오늘날의 인공지능과 인성교육의 접근 또한 플라톤의 교육관 및 서양 근대적 세계관에서 전제된 …란 무엇인가의 물음의 방향에서 자유롭지 않다. 이제 다른 물음을 통한 다른 접근이 필요하다. 이제 인간은 누구인가를 물어야 한다. 이 물음에서 비로소 인성교육에 대한 새로운 접근이 가능할 것이다. 이 과정에서 어떤 필연적인 가치에 따라 누군가를 가르치는 교육에서 벗어나 세계관의 차이를 배우는 학습으로의 전환이 중요한 첫 단추임을 알게 될 것이다.

---

7) 하이데거의 계몽주의 비판에 대한 소개와 더불어 하이데거의 이러한 입장에 대한 비판에 관해서는 다음의 논문을 참조. Linker, Damon, *Heidegger's Revelation: The End of Enlightenment*, in: American Behavioral Scientist, Volume 49. Number 5, January 2006. 733-749.

2부
인성교육의 원리와 교육

유가의 성학 이념과
인성교육론

1. 성학이념과 인성

공자의 언행으로 구성된 『논어』의 첫 언명(學而時習之不亦說乎)이 말해주듯이, 유교는 그 어느 학파보다도 '학學'의 중요성을 설파하였다. 그래서 주자는 "'학學'이란 말은 성인 공자의 가르침을 기록해 놓은 유일한 책인 『논어』를 읽는 자가 반드시 가장 먼저 강구하지 않을 수 없는 것이다."[1]고 말했다. 그런데 『중용』의 "널리 배우고, 깊이 묻고, 신중히 생각하고, 밝게 분별하며, 돈독하게 행한다.[2]"는 말이 암시하듯, 넓은 의미의 '학'이란 "널리 배우고, 깊이 묻고, 신중히 생각하고, 밝게 분별하고, 돈독하게 실천하는 활동"을 총괄하는 개념이라고 할 수 있다. 그런데 공자의 학문이란 '지智 · 덕德 · 행行의 일치'를 지향한다. 그렇기에 공자는 "널리 글을 배우고, 예(禮)로서 단속하라"[3]고 말했을 것이다. 나아가 공자는 학문을 좋아함(好學)을 단순히 이론적 탐구만이 아니라, '노여움을 옮기지 않음(不遷怒)'과 '잘못을 되풀이하지 않음(不貳過)'으로 규정하

---

1) 『주자어류』 권19, 45항. 王子充問學 曰聖人教人 只是箇論語 …論語須是玩味 今人讀書傷快 須是熟方得.

2) 『中庸』 11장. 博學之 審問之 愼思之 明辨之 篤行之.

3) 『논어』 6:25. 博學於文 約之以禮.

여 학문을 덕행의 실천과 연결시키고 있다.[4] 나아가 공자는 자신의 인격성숙의 과정을 학문에 뜻을 두는 것에서 출발하여, 상달上達하여 천명天命을 인식하고, 수양을 거쳐 마침내 존재와 당위가 일치하는 성인聖人의 경지에 도달한 것으로 묘사하고 있다.[5] 요컨대 공자의 학문이란 '지·덕·행의 일치'로서 철학하는 자의 자기완성, 즉 성인에 이르는 것을 목표로 하는 성학聖學이라고 말할 수 있다.

그렇다면 성학 즉 사람이 되는 도를 극진히 하여 사람의 이상인 성인의 경지에 도달하기 위해서, 궁극적으로 자기를 완성하고 타자마자도 완성하기(成己成物) 위해서 먼저 배워 깨달아야 하는 것은 무엇일까? 그것은 바로 인간의 본성(人性)이다. 그래서 주자는 "학學이란 말은 본받는다(效)는 뜻이다."고 말하면서 "인간의 본성은 모두 선하지만, 깨달음에는 선후가 있기 때문에 뒤에 깨닫는 사람은 먼저 깨달은 사람의 한 바를 본받아서 (본성의) 선함을 밝혀 그 처음을 회복하는 것이다."[6]라고 말하고 있다. 요컨대 인도人道를 극진히 하여 성인聖人에 이르기 위해서는 인간 본성의 선함을 깨닫고, 선각자가 했던 바를 본받아 처음의 선한 본성을 회복함으로써 자기를 완성하고, 궁극적으로 다른 사람도 완성시켜야 한다는 말이다. 바로 여기에서 유교에서 인성의 문제가 제기되었다고 할 수 있다.

만일 우리에게 인간을 인간답게 하는 본성이 없다고 한다면, 우리는 무엇을 기준으로 어떻게 살아야 하는 것일까? 우리에게 본성本性이 존재하지 않는다면, 우리에게는 생生 즉 생물학적 몸만이 존재한다. 이러한 생물학적 몸

---

4) 『논어』 6:2 참조.

5) 『논어』 2:4. 子曰 吾十有五而志于學 三十而立 四十而不惑 五十而知天命 六十而耳順 七十而從心所慾不踰矩.

6) 『논어』 5:12, "子貢曰 夫子之文章 可得而聞也 夫子之言性與天道 不可得而聞也." 17:2. "子曰 性相近 習上遠也性."

을 절대시한 사람들이 바로 양주楊朱로 대표되는 양생학파(쾌락주의)이다. 그런데 우리의 생물학적 몸은 개인적인 것이고, 따라서 개인적인 몸을 절대시하는 하는 입장(爲我主義)은 인간이 지닌 공동체적-사회적 측면을 무시할 수밖에 없다(無君).

우리의 생물학적 몸에서 우리 삶의 정당한 표준을 찾을 수 없다면, 우리 외부의 어떤 객관적 기준(지표)을 정립하여 거기에 따르는 삶이 올바른 삶이라고 할 수도 있으리라. 그 기준으로 여러 가지를 제시할 수 있지만, 가장 대표적인 것이 공리주의자들이 제시하고 있는 이익(유용성, 효율성 등)일 것이다. 실제로 맹자의 표적이었던 묵자墨子는 이익과 성과를 계량하여 최대 이익을 가져오는 것에 따라 행하는 것이 옳다고 말했다(義利也).[7] 묵자가 겸애兼愛, 비공非攻, 절장節葬, 절용節用 등의 실천원리를 주장한 것은 바로 이러한 공리주의적 기준에 의한 것이었다. 그가 제시한 삼표三表(성왕의 사적에 근거했는가, 실제 경험에서 실증되었는가, 정치제도에 응용되어 국가와 인민의 이익에 알맞게 적용되었는가?)[8]는 바로 공리주의적 검증의 기준에 의해 유교적 실천윤리를 비판하고, 무성론無性論에 입각한 새로운 윤리를 주창한 것이었다. 그러나 공功과 리利를 도덕행위의 판단기준으로 제시한 묵자의 입장은 "누구를 위한 공功이고, 무엇을 위한 리利인가?" 하는 목적에 대한 물음을 제기하지 않는다는 치명적인 난점을 지닐 수밖에 없다. 인간이 행위의 기준을 이익에 두고, 오로지 이익만을 추구한다면, 그 어디에서 인간의 참모습, 인간다움을 발견할 수 있을까? 바로 이점에서 우리는 도덕의 기준을 생물학적 몸에서 찾을 수도 없고, 외적 효용성에서 찾을 수도 없다. 바로 이런 상황에서 성性 개념이 출현했다.

주지하듯이 성性이란 글자는 그 이전에 존재하였던 생生(땅에서 초목이 진출進出

---

7) 『墨子』「경상」참조.

8) 『墨子』「비명상」참조.

하는 형상)에서 심心자가 추가되어 나왔다. 처음 출현했던 『논어』에 단지 2번 밖에 출현하지 않았던 성性개념은 『중용』에서는 천명天命으로 확인되고(天命之謂性), 『맹자』의 탁월한 공적에 힘입어 유가의 인간이해에서 가장 중요한 교리(性善說)로 정립된다.[9]

성性자의 의미를 형성하는 '심心'이란 갑골문과 『황제내경』에서 "우리 몸의 정중앙에 위치하여 오장육부의 대주大主(오행五行의 중심으로 만물을 생성하는 토土에 해당하는 장기)인 군주의 기관"[10]으로 인간 신체의 중추이자 사유주체로 간주된다.[11] 그리고 『설문』에서는 "사람의 양기로서 성性은 선善하다. 심心에서 유래하여 생生으로 발음한다."[12]라고 하였다. 따라서 인성人性(心+生: 生에 대한 心의 主宰)이란 우리의 생물학적 몸(生)을 주관하여(心), 인간을 (금수禽獸와 구별되게) 인간답게 해주는 추구할만한 것(可欲之謂善)이다. 바로 이 점에 근거하여 맹자는 성선性善[13]을 말하여, 후대 정통으로 인정받았다. 물론 성性개념은 다른 한편으로 우리의 생물학적 특성에 의해 발출하는 자연적·생물적 마음(生하는 心으로)으로 볼 수도 있기 때문에, 이에 대한 다양한 입론이 가능하다. 그러나 우리는 인성人性이란 말이 형성된 이론사적인 측면에서 본다면, 맹자적인 입장이 정통 유가의 관점이라고 생각한다. 어쨌든 공자가 성性개념을 제기함에 따라 인간은 단순히 생물학적 신체를 넘어서, 금수와 구별되는 자신의 고유본성을 찾으면서 자신의 정체성을 정립하여 인간의 길(도리)을 모색할 단서를 마련하였다.

그렇다면 인간의 본성은 무엇을 내용으로 하고 어떻게 실현되는 것일까?

---

9) '性'자는 『大學』1회, 『中庸』 9회, 『孟子』 36회 나온다. 『중용』과 『맹자』에서 주도 개념이 되었다.

10) 『皇帝內徑』「靈樞, 邪客」. "心者 五臟六腑之大主也 … 心爲君主之官."

11) 전병술, 『심학과 심리학』, 모시는사람들, 2014, 34쪽.

12) 『설문해자』「性部」. "人之陽氣性善也. 從心 生聲."

13) 『맹자』 3상:1, 6상:2, 6상:6 등.

이에 대해 서양의 파이데이아-휴마니타스적 전통에서는 이성의 능력에 초점을 두었다. 인간은 이성을 지니기 때문에 그 본성상 여타 동물과 구별되며, 또한 이성적 존재이기 때문에 본능에 의해 군거群居하는 것이 아니라 공동체를 구성하여 합목적적 생활을 영위할 수 있다는 것이다. 그래서 아리스토텔레스는 다음과 같이 말했다.

"인간은 본성상 다른 사람과 함께 살아야 하는 운명을 지니고 태어난 '폴리스적' 존재이며, 인간의 목표인 행복은 폴리스적 삶에서 유래하며, 또한 사회적 본성이 자연적으로 모든 인간에게 심어져 있다."[14]

요컨대 동물은 아직 공동체를 구성할 능력이 없고, 신神은 이미 공동체를 형성하지 않기 때문에, 오직 인간만이 이성을 지니고 공동체를 형성·영위한다. 그런데 유교 또한 이와 유사하게 인간의 본성은 인仁(人+二)하기 때문에 금수와 구별되는 공동체적 생활을 영위하며, 나아가 그 관계에서 형성되는 도리의 실천을 추구한다고 대답한다. 즉 유적 존재로서 인간은 인仁의 본성을 지니고 있기 때문에 잔인殘忍한 금수와 구별되게 타인에 대한 사랑(仁 愛人)·의무·공경(禮) 등을 통해 인간다운 품성을 실현할 줄 아는(知) 존재라는 것이다. 유교의 이러한 인간관은 "공동체적 존재로서 개별적인 인간 안에 국가가 존재하며, 국가는 인간성의 실현일 따름이다"는 그리스적 관점과 그 논리적 맥락이 유사하다고 할 수 있다. 나아가 이 양자는 같은 논리로 이상적 인간이념(仁)은 이상적 국가 공동체의 인륜적 목표가 되며, 이상적 국가공동체의 인륜적 이념은 이상적 인간이 실현해야할 이념적 목표가 된다고 주장하고 있다.

주지하듯이 인仁의 1)고형古型은 임석온난衽席溫暖(따뜻한 방석 위에 앉은 온난한 사

---

14) 『니코마코스 윤리학』, 1097b 및 1169b.

인성교육과 유가의 성학 이념과 교육론 **91**

람의 모습)으로, 2)사람됨(仁也者 人也), 3)두 사람(人二)에서 인신引伸하여 인간관계와 그 도리, 4)추상화되어 인간들 간의 마음(仁 人心也)을 의미한다.[15] 『설문』에서도 "인仁이란 친애親愛의 의미를 지니며, 인人과 이二에서 유래한다."[16]라고 설명했다. 『논어』에서 공자는 인仁을 불인不忍·불안不安의 감정 및 타자에 대한 사랑(愛人)과 연관지우면서 인간의 보편 덕으로 정립했다.[17]

『맹자』는 측은지심惻隱之心을 단서로 인간의 본성이 인仁하다는 것을 증명하였다. 여기서 측은惻이란 마음의 아픔(心痛) 혹은 간절히 가련하게 여김(傷之切)을, 은隱이란 깊이 아픔(痛之深)을 나타낸다.[18] 인仁이 깊이 가련하게 여기는 마음(惻隱之心)으로 확인된다는 말은 곧 인간은 잔殘(歹+戔:죽은 시체歹를 조각내는 것戔)·인忍(心+刃:칼날로 마음을 찌름)한 금수禽獸와 구별되는 본성을 지니고 있음을 나타낸다. 무릇 인간이란 다른 사람에게 동정심同情心을 지니면서 차마 잔인하지못하고 불안해하며·깊이 가련히 여기며·친애하는 마음의 본성을 지닌 존재라는 것이 유교의 주장이다.

2. 공자의 교과교육론

일반적으로 말하면 공자 문하에서 성인이 되고자 학문을 배우는 '유자儒者'란 육예六藝와 『시』·『서』·『예』·『악』 등을 익히고, 천·지·인의 원리에 통

---

15) 『맹자』 6상:11. "仁 人心也." 7상:16, "仁也者 人也." 2상:6. "惻隱之心 仁之端也."

16) 『說文解字』, 「仁部」 "仁 親愛也 由人 由二 會意."

17) 『논어』 15:26, 17:21, 12:22 등.

18) 최영찬 외, 『동양철학과 문자학』, 아카넷, 2003, 292~4쪽.

달하고, 내성외왕의 이념을 구현하려고 한 선비들을 지칭한다.[19] 그래서 사마천은 다음과 같이 말했다.

> 공자는 물러나 『시』·『서』·『예』·『악』으로 닦으니 제자가 더욱 늘어났다. …『서전』과 『예기』를 서술하고, 『시』을 산정하고, 『악』을 바로 잡으며, 주역의 「단전」, 「계사전」, 「상전」, 「설괘전」, 「문언전」을 지었다. 제자가 대개 3,000이었는데, 육예에 통달한 자가 72명이었다.[20]

이렇게 공자는 육예六藝로써 제자들을 가르친 것으로 알려져 있다. 그런데 이 육예六藝에 대한 내용으로는 2종류의 해석이 있는데, 하나는 예·악·사·어·서·수를 말한 것이고, 다른 하나는 『시』·『서』·『예』·『악』·『역』·『춘추』의 육경六經을 말한다는 것이다.[21] 그런데 여기서 우리는 72명의 제자가 통달한 육예六藝는 소학小學의 예·악·사·어·서·수와 대학의 육경 전부를 포괄하는 것으로 해석하고자 한다. 요컨대 공자는 소학의 육예를 통하여 인간의 기본 소양을 함양하도록 하고, 특정한 일부 준재들을 대상으로 궁리정심窮理正心과 수기치인修己治人을 이념으로 하는 대학大學의 육경六經을 산정하고 가르쳤다고 하겠다.[22] 공자의 이런 교육은 우선 18세까지 체육과 시가詩歌를 교육하고, 이후 병역을 필한 수호자들에게 산술, 기하학, 천문학, 화성학 등과 같은 철학의 예비교육을 통해 영혼을 고양시키고(20-29세), 협의의 철학으로서 변증론을 가르치고(30-35세), 나아가 15년간 실무교육(36-50

---

19) 김충렬, 「'儒'의 자의와 기능」, 『중국철학산고(II)』, 온누리, 1988, 160-5쪽.

20) 『史記』 [공자세가]. 孔子 …修詩書禮樂 弟子彌衆 …乃敍書傳禮記 刪詩正樂 序易彖繫象說卦文言 弟子蓋三千焉 身通六藝者七十二人

21) 전손(백종석 역), 『선진유학』, 학고방, 2009, 43쪽.

22) 朱子, 『大學章句』「序」 참조.

세)을 하고, 최종적으로 영혼의 눈을 뜨고 철학에 연구하다가 순차적으로 국가에 봉사하도록 규정한 플라톤의 교육론과 좋은 비교가 된다.[23] 『논어』에서는 우선 공자가 가르친 교과목을 문·행·충·신으로 제시하고, 나아가 제자들의 자질을 이른바 공문사과孔門四科로 평가하고 있다.

> "공자께서 네 가지로 가르치셨으니, 학문(文), 행실(行), 충성(忠), 신의(信)이다."[24]
> "덕행으로는 안연·민자건·염백우·중궁이 있고, 언어에는 재야·자공이 있고, 정사政事에는 염유·계로가 있고, 문학文學으로는 자유·자하가 있다."[25]

요컨대 공자는 학문(文), 행실(行), 충성(忠), 신의(信)로써 가르치면서, 덕행·언어·정사·문학 등 공문사과로써 제자들의 자질과 장점을 논하였다.

이제 공자가 가르친 중요한 교과목을 『논어』에 제시된 언명을 통해서 살펴보자. 공자는 시詩, 예禮, 그리고 악樂을 배움으로써 얻을 수 있는 공효에 대해 다음과 같이 말하고 있다.

> 공자께서 말씀하시길, "시詩를 배웠는가?" … "시詩를 배우지 않으면 말할 수 없다." … "예禮를 배웠는가?"… "예禮를 배우지 않으면, 자립할 수 없다."[26]
> "시詩에서 흥興을 일으키고, 예禮에서 자립自立하고, 악樂에서 완성完成한다."[27]

---

23) Politeia, 522c-531c.

24) 『논어』 7:24. 子以四教 文行忠信.

25) 『논어』 11:2. 德行 顔淵閔子騫冉伯牛仲弓 言語 宰我子貢 政事 冉有季路 文學 子游子夏.

26) 『논어』 16:13. …曰學詩乎 …不學詩 無以言 … 曰學禮乎 … 不學禮 無以立. 20:3. 不知禮 無以立也.

27) 『논어』 8:8 子曰 興於詩 立於禮 成於樂.

유가에서는 '시詩'란 인간의 감정을 조절함으로써 도덕실천의 기초를 형성하여 이풍역속移風易俗의 기능을 수행한다고 생각하였다. 즉 "시詩는 감흥을 불러일으키며, 볼 수 있게 하고, 어울리게 하고, 원망할 수 있게 하며, 가까이로는 부모를 섬길 수 있게 하고, 멀리로는 임금을 섬길 수 있게 한다."[28] 그리고 시詩를 배움으로 타인과 소통할 수 있다. 그래서 공자는 "사람으로서 시詩를 배우지 않으면, 마치 담장을 맞대고 서 있는 것과 같다."[29]고 말했다. 이렇게 시詩를 배우는 것은 인간의 인격형성의 첫 단계로서 "배움의 초기에 선을 좋아하고, 악을 미워하는 마음을 흥기시켜, 스스로 그만 두지 못하는 것을 여기에서 터득하게 된다."[30]

그리고 일반적으로 예禮란 주자의 정의에 따르면 '천리天理의 절문節文'이자 '인사의 의칙儀則'[31]으로 인간행위에 합당한 절도와 문식을 규정해 주고(約我以禮), 친소와 도덕의 체득 정도에 따라 인간 상호간의 관계를 구분해 주는 역할을 한다.[32] 나아가 악樂이란 조화를 본질로 하면서[33] 예禮에 의해 구분된 인간관계를 조화시켜 주는 것으로 윤리와 통하는 것이다.[34] 그래서 공자는 "성인成人이란 무엇인가?"라는 자로의 물음에 "장문중의 지혜와 공탁의 욕심 없음, 변장자의 용맹과 염구의 기예에 예악으로 문식한다면, 또한 성인이라고 할만하다."[35]라고 대답했다. 요컨대 유가에 따르면, "선왕이 예악을 제정한 것은 신

---

28) 『논어』 17:9. 子曰 …詩可以興 可以觀 可以群 可以怨 邇之事父 邇之事君 …

29) 『논어』 17:10. 子謂伯魚曰 女爲周南召南矣乎 人而不爲周南召南 其猶正牆面而立也與.

30) 『논어』 8:8에 대한 朱子註. …學者之初 所以興起其好善惡惡之心而不能自己者 必於此而得之.

31) 『논어』 1:12에 대한 朱子註. 禮者 天理之節文 人事之儀則也.

32) 『中庸』 20장. 仁者人也 親親爲大 義者宜也 尊賢爲大 親親之殺 尊賢之等 禮所生也.

33) 『禮記』 「樂記」. 禮者 天地之和也. 禮以和其聲.

34) 『禮記』 「樂記」. 樂者 通倫理者也.

35) 『논어』 14:13. 子路問成人 子曰 若臧武仲之知 公綽之不欲 卞莊子之勇 冉求之藝 文之以禮樂

체적 욕망을 극대화하려는 것이 아니라, 백성들에게 장차 호오를 화평하게 하는 것을 가르쳐서 인도의 바름을 회복하게 한 것이다."[36]

그런데 공자는 이러한 시, 예, 악에 관하여 다음과 같이 그 한계를 규정하고 있다.

> "시경 삼 백편을 외웠으되, 그에게 정사政事를 맡기면 일에 통달하지 못하고, 사방에 사신使臣으로 가서는 전문적으로 응대하지 못한다면 비록 많이 외웠다고 할지라도 무슨 소용이 있겠는가?"[37]
>
> "예로다, 예로다 말하지만 옥이나 비단만을 뜻하겠는가? 악이로다, 악이로다고 말하지만 종과 북만을 말하겠는가?"[38]

요컨대 시, 예, 악으로 대표되는 교과는 "사람으로서 인仁하지 못하다면 예는 무슨 소용이 있으며, 사람으로서 인하지 못하다면 악은 무슨 소용이 있겠는가?"[39]라는 공자의 말에서 알 수 있듯이, 인간 완성의 보편적 덕인 인의 구현에 종사하는 수단들이다. 공자가 제시한 모든 여타 교과 및 덕목들은 모두가 진정한 인간다움의 구현을 목적으로 한다. 이것이 바로 공자가 제시한 교과목들의 이념들이라고 할 수 있다. 공자의 모든 교과목은 모두 이 인仁의 구현이라는 하나의 도리로 관통하고 있다(一以貫之)고 하겠다.

亦可以爲成人矣.

36) 『禮記』 「樂記」. 是故先王之制禮樂者也 非極口腹耳目之欲也 將以敎民平好惡 而反人道之正也.

37) 『논어』 13:5. 子曰 頌詩三百 授之以政不達 使於四方 不能專對 雖多亦奚以爲

38) 『논어』 17:11. 子曰 禮云禮云 玉帛云乎哉 樂云樂云 鐘鼓云乎哉.

39) 『논어』 3:3. 子曰 人而不仁 如禮何 人而不仁 如樂何

3. 공자의 교육방법론

풍우란의 지적대로, 인류의 스승으로 후대의 유자들로부터 만세사표萬歲師表로 추앙받는 공자는 중국 역사상 사학私學을 처음으로 일으켜 많은 제자를 가르친 최초의 사숙私塾의 스승이었다.[40] 그는 가르침에 있어서는 그 어떠한 신분이나 재능에 차별을 두지 않고,[41] 최소한의 예물을 갖추고 정성을 표한 사람에게는 가르치지 않은 적이 없었다.[42] 그는 그 언제나 배우는 것을 싫증내지 않고, 가르치는 것을 권태로워하지 않으면서[43] "옛 것을 익혀 새로 올 것을 알아 스승의 자격을 갖추고"[44] 차례차례 순서대로 제자들을 잘 이끌어나갔다.[45] 이제 우리는 이러한 교육자로서의 공자의 교육방법론에 대해 살펴보기로 하겠다.

교육자로서 공자의 교육방법에서 가장 두드러진 특징은 바로 '자기계발自己啓發'이라고 할 수 있다. 여기서 자기계발이란 주입식 지식의 습득이 아니라, 철학하는 주체 자신의 무지無知의 자각에서 출발하여 진정한 앎에 이르러서 도약을 통행 자신의 본성을 정립하고, 그 본성으로 자아를 정립 실현하도록 계도하는 것을 말한다. 기실 이러한 공자의 자기계발의 방법은 '궤변술'로 지식의 판매상 역할을 하던 당시의 소피스트들에 반대하고, '산파술'과 '대화법'으로 철학하는 정신을 계도했던 소크라테스의 철학교육 방법과 그 방법론을 같이한다고 보아도 좋을 것이다. 그런데 공자가 자기계발의 방법을 제시한 것

---

40) 풍우란(정인재 역), 『간명한 중국철학사』, 형성, 2010, 73쪽.

41) 『논어』 15:38. 子曰 有教無類

42) 『논어』 7:7. 子曰 自行束脩以上 吾未嘗無誨焉.

43) 『논어』 7:33. 子曰 若聖與仁 則吾豈敢 抑爲之不厭 誨人不倦 則可謂云爾已矣.

44) 『논어』 2:11. 子曰 溫故而知新 可以爲師矣.

45) 『논어』 9:10. 夫子 循循然善誘人.

은 "모든 인간은 인仁의 덕을 지니고 태어났으며," "인간이라면 그 누구나 인仁에 힘쓰면, 인仁을 이룰 수 있다"고 하는 확고한 믿음에 근거해 있다.

> 하루라도 자기의 힘을 인仁을 위해 쓸 수 있는 사람이 있었던가? 나는 아직 인仁을 위해 힘을 쓰면서 힘이 부족한 자는 보지 못했다.[46]
> 인仁은 멀리 있는가? 나는 인仁을 행하고자 하면 곧 인仁이 도달한다.[47]

요컨대 존재와 당위가 온전히 일치하는 성인을 지향하는 공자의 학문에서는 인간의 본성으로 갖추고 태어난 인仁의 실현이 바로 자기계발이 되며, 따라서 이 인仁은 인간의 존재근거로서 바로 자기 자신에 근거를 두고 주체적으로 실현되는 것이다. 이는 공자는 유일하게 호학자好學者로 칭송했던 안연에게 말한 다음 언명에 잘 드러나 있다.

> 안연이 인仁을 묻자, 공자 말하기를, " 자기를 이기고 예禮에로 복귀함이 인仁이니, 하루라도 자기를 이기고 예禮에로 복귀하면 천하가 인仁으로 돌아갈 것이다. 인仁을 행함은 자기로 말미암는 것이지(由己) 남으로부터 말미암는 것이겠는가?"[48]

이렇게 공자는 참된 인간 본성의 실현으로서 인仁의 실천은 자기로 말미암는 것(由己)이지 다른 사람으로부터 유래하는 것이 아니라는 점에서 '자기정립의 학문(爲己之學)'을 철학의 전형으로 내세우고 있다. 그래서는 그는 "옛날의 공

---

46) 『논어』 4:6. 有能一日 用其力於仁矣乎 我未見力不足者.

47) 『논어』 7:29. 子曰 仁遠乎哉 我欲 斯仁至矣.

48) 『논어』 12:1. 顔淵問仁 子曰 克己復禮爲仁 一日克己復禮 天下歸仁焉 爲仁由己 而由人乎哉.

부하던 사람들은 자기 충실을 위해 공부하였으나, 지금의 공부하는 사람들은 남의 인정을 받기 위해 공부한다."[49] 혹은 "군자는 자기에게서 구하지만, 상대적인 이익을 추구하는 소인은 남에게서 구한다."[50]고 말하고 있다. 바로 이 때문에 증자는 선비는 드넓고 굳세지 않을 수 없다. 그 임무가 무겁고 길이 멀기 때문이다. 인仁으로 자기의 임무로 삼으니 또한 무겁지 아니한가, 죽은 뒤에 그치니 또한 멀지 아니한가?[51]라고 말하여, 인을 선비들이 평생토록 실현해야 할 책무라고 간주했다.

공자 교육방법의 또 다른 특징으로 우리는 학문과 사유(學思), 앎과 행위(知行)의 병진, 일이관지一以貫之, 하학을 통한 상달 등을 들 수 있다. 물론 공자는 "자신에게 없는 것을 찾고, 자신에게 가리어진 세계를 조명하는 활동으로서" 과거의 전통이 역사적 공간 속에 표현되어 있는 문화 및 문물에 대한 학문을 중요시하여 "나는 일찍이 종일토록 먹지 않고 밤새 자지도 않으며 사유했지만 유익한 것이 없었고, 배우는 것과 못하였다."[52]고 말했다. 그러나 유가의 근본 입장에서 본다면 수신修身을 위해서는 객관적인 지식을 추구하는 격물치치에는 주체의 자각적 자기정립인 성의정심이 요구된다는 점에서, 객관적 지식을 배우는 학문에는 주체의 자각에 입각한 반성적 사유를 필요로 한다. 그래서 공자는 학문과 사유의 .병진을 요구한다.

> "배우기만 하고 사유하지 않으면 자기의 것으로 체득되는 없고, 사유만 하고 배우지 않으면 위태로워진다."[53]

---

49) 『논어』 14:25. 古之學者 爲己 今之學者 爲人.

50) 『논어』 15:20. 君子求諸己 小人求諸人.

51) 『논어』 8:7. 曾子曰 士不可以不弘毅 任重而道遠 仁以爲己任 不亦重乎 死而後已 不亦遠乎.

52) 『논어』 15:30. 子曰 吾嘗終日不食 終夜不寢以思 無益 不如學也

53) 『논어』 2:15. 子曰 學而不思則罔 思而不學則殆.

주체의 자각적 사유가 객관적인 배움과 병진할 때에 비로소 온전한 학문이 이루어져, 옛 것을 찾아 익히는 것(온고溫故)은 새로 올 것을 아는 것(知新)의 역할을 한다. 그리고 배움과 사유가 병진할 때에 하학下學을 일이관지하고,[54] 일대 도약(上達)을 통해[55] 형이상자인 천天과 천명天命 및 거기에서 비롯된 본성本性을 알아 군자君子로서의 자기정립이 가능하다.[56]

공자의 철학교육방법의 마지막 세 번째 특징으로 우리는 자질에 따라 교육을 베푼다(因才施教, 對機說法, 應病與藥)는 점이다. 이에 대한 전형적인 전거는 다음 구절이라고 할 수 있다.

"자로가 물었다. 들은 것은 곧 행해야 합니까? 공자께서 대답하였다. 부형이 계시는데 어떻게 들을 것을 바로 행하겠는가? 염유가 물었다. 들은 것은 곧 행해야 합니까? 공자께서 대답하셨다. 들으면 그것은 곧 행해야 한다. 공서화가 말하였다. 자로가 들은 것은 곧 행해야 하느냐고 물었을 때는 선생님께서는 부형이 계시다고 말씀하셨고, 염유가 들은 것은 곧 행해야 하느냐고 물었을 때는 선생님께서 들었으면 바로 그것을 행하라고 말씀하셨습니다. 저는 영문을 무르겠기에 감히 그 까닭을 여쭙고자 합니다. 공자께서 말씀하셨다. 염유는 소극적이기 때문에 그를 나아가게 한 것이고, 자로는 남을 이기려 하기 때문에 그를 물러서게 한 것이다."[57]

---

54) 『논어』 15:2. 子曰 賜也 女以予 爲多學而識之者與 對曰 然 非與 曰非也 予一以貫之

55) 『논어』 14:37. 下學而上達 知我者 其天乎.

56) 『논어』 20:3. 子曰 不知命 無以爲君子也.

57) 『논어』 11:21. 子路問聞斯行諸 子曰 有父兄在 如之何其聞斯行之 冉有問聞斯行諸 子曰 聞斯行之 公西華曰 由也問聞斯行諸 子曰 父兄在 求也問聞斯行諸 子曰聞斯行之 赤也惑 敢問 子曰 求也退故進之 由也 兼人故退之

이와 같이 공자는 제자들에게 획일적인 주입식 교육을 강요한 것이 아니라, 그 재질과 그릇에 따라 적절하게 이끌어 주는 교육방법으로 제자들을 진보시켰다. 이는 공자가 행위의 준칙으로 중용中庸을 내세우고 있는 것과 연관이 된다고 할 수 있다. 주지하듯이 공자는 "중용中庸의 덕이 최상이다."[58]고 주장하고, 지나침은 모자람과 같다고 말하고 있다.

"자공이 물었다. 자장과 자하는 누가 더 현명합니까? 공자께서 대답하셨다. 자장은 지나치고 자하는 모자란다. (자공이 물었다) 그렇다면 자장이 더 낫습니까? 공자께서 말씀하셨다. 지나친 것은 모자라는 것과 같다."[59]

인재시교因才施教와 중용中庸의 추구라는 공자의 교육방법은 또한 피교육자의 끊임없는 자기 계도의 노력을 요구하였다. 그래서 그는 "알려고 애쓰지 않으면 계발해 주지 않고, 답답해하지 않으면 알려주지 않으며, 한 모퉁이를 들어 보였을 때 나머지 세 모퉁이를 드는 노력을 하지 않으면 다시 가르치지 않았다."[60] 그리고 "어찌할까? 어찌할까? 애쓰지 않는 자에게는 더 이상 교육을 베풀지 않았다."[61] 공자의 이러한 가르침의 방법은 끊임없는 호학(學而不厭)과 사유, 그리고 및 가르침을 권태로워하지 않는(教而不倦) 정신에서 나왔다. 그랬기에 제자 안연은 교육자로서 공자의 모습을 다음과 같이 묘사하고 있다.

안연이 깊이 탄식하여 말하기를, 선생님은 우러러 볼수록 더욱 높고, 뚫어 볼

---

58) 『논어』 6:27. 子曰 中庸之爲德也 其至矣乎.

59) 『논어』 11:15. 子貢問師與商也 孰賢 子曰 師也過 商也 不及 曰然則師愈與 子曰 過猶不及.

60) 『논어』 7:-8. 子曰 不憤不啓 不悱不發 擧一隅 不以三隅反 則不復也.

61) 『논어』 15:15. 子曰 不曰如之何 如之何者 吾末如之何也已矣.

수록 더욱 굳으며, 바라볼 때는 앞에 있더니 홀연히 뒤에 있도다. 선생님께서는 차근차근히 사람을 잘 이끄시고 문文으로 나의 학문을 넓혀주시고, 예禮로써 나의 행동을 단속하셨다. 공부를 그만 두려 해도 그만둘 수 없어, 이미 나의 재력을 다하였는데도 우뚝하게 선 것이 있는지라, 비록 그것을 따라가고자 하여도 말미암을 방도가 없구나?[62]

바로 이 때문에 공자는 제자들에게 넘지 못할 비범한 존재로 인식된 듯하다. 그러나 그는 제자들에게 "여러분들은 내가 무언가 숨기고 있다고 생각하느냐, 나는 숨기는 것이 없다. 내가 행함에 여러분들에게 보이지 않는 것이 없다. 이것이 바로 나이다."[63]라고 말하여, 교육에 있어 언행이 일치하였다고 말하고 있다.

지금까지 우리는 『논어』를 중심으로서 인성개념이 도입된 배경, 인성개념에 기초한 성학이념, 그리고, 공자의 교과 및 교육방법론의 특징을 차례대로 살펴보았다.

주지하듯이 지혜사랑으로서 철학이란 모든 것을 아는 지자智者(신神)와 자신의 무지無知조차 알지 못하는 우둔한 자(동물)의 중간 존재인 인간의 숙명으로 곧 "완전한 정신을 향한 불안전한 정신의 자기초월적 귀향편력"[64]이라고 정의할 수 있다. 전형적인 고전철학으로서 공자의 유학儒學 또한 '애지의 학문'이며, 유가의 애지인愛智人인 군자는 호학을 통한 성인의 길을 희구하는 자이다. 그 누구보다도 학문을 좋아한다고 자부했던 공자는 학문을 덕행의 실천과 연

---

62) 『논어』 9:10. 顔淵 喟然歎曰 仰之彌高 鑽之彌堅 瞻之在前 忽焉在後 夫子 循循然善誘人 博我以文 約我以禮 欲罷不能 旣竭吾才 如有所立 卓爾 雖欲從之 末由也已

63) 『논어』 7:23. 子曰 二三者 以我爲隱乎 吾無隱乎爾 吾無行而不與二三子者 是丘也.

64) 신오현, 「유가철학의 교학이념」 『철학의 철학』, 문학과지성, 1987, 385쪽 참조.

결시키고, 지혜와 덕행, 앎과 삶의 일치로서 철학하는 자의 자기완성을 지향하는 성학을 주창하여 고전적인 철학이념의 한 전형을 제시하였다.

공자는 3,000여명의 제자에게 예·악·사·어·서·수의 육예六藝와 『시』·『서』·『예』·『악』·『역』·『춘추』의 육경六經으로 가르쳤다. 즉 공자는 소학의 육예교육을 통해 인간의 기본 소양을 함양하도록 하고, 특정한 일부 준재들을 대상으로 궁리정심과 수기치인을 이념으로 하는 대학의 육경을 가르쳤다. 이러한 공자의 교과에는 어쩌면 당연하게 생산 활동과 기예들은 포함되지 않았다. 특히 『논어』에서는 공자가 가르친 교과목을 문文-행行-충忠-신信으로 제시하고, 제자들을 공문사과(덕행, 언어, 정사, 문학)로 평가하고 있다. 그런 공자는 특히 시詩, 예禮, 악樂을 중시했지만 이런 교과목들은 인간의 보편적이며 가장 온전한 덕성인 인仁의 구현에 종사하는 수단이라고 말할 수 있다.

주지하듯이 공자는 만세의 사표로서 중국 역사상 처음으로 사학私學을 열었던 인물이다. 그는 언제나 배우는 것을 싫증내지 않고, 가르치는 것을 권태로워하지 않으면서, 순순연循循然하게 제자들을 잘 이끌었다. 공자의 교육방법에서 가장 두드러진 특징은 바로 자기계발의 중시라고 할 수 있다. "인간이라면 그 누구나 인仁에 힘쓰면 인仁을 이룰 수 있다"고 확신하면서 '자기정립의 학문(爲己之學)'을 제창하였다.

그의 교육방법의 또 다른 특징은 학문·사유, 앎과 행위의 병진을 통한 일이관지一以貫之, 그리고 하학이상달下學而上達의 방법으로 궁극적으로 천天과 천명의 본성에 대한 인식과 체득 및 그 실천을 중요시 하였다. 나아가 공자는 그 언제나 자질에 따라 교육을 베풀었으며, 중용을 추구하며 또한 피교육자의 끊임없는 자기 계도의 노력을 요구하였다. 이러한 자기 계도의 강조는 곧 강인한 자기정립에 대한 요구라고 할 수 있다.

요컨대 공자의 학문이념은 곧 자기정립의 학문(爲己之學)으로서 곧 인간의 본성을 증득하여(人本), 그 본성에 따르는 길을 감으로써(人道) 찬란한 인문세계(人

文)를 건설하는 데에서 완성된다고 할 수 있는 바, 그의 교육론의 요체 또한 여기에 그 초점이 있다고 할 수 있다.

유가의 인성교육과
사람다움

1. 한국사회와 인성교육

현대 한국사회는 학교폭력·따돌림·갑질·태움, 그리고 성추문과 성범죄에 이르기까지 여러 가지 사회병리현상으로 몸살을 앓고 있다. 국가 경제 규모 세계 12~13위, 1인당 국민소득이 3만 달러면 가히 경제 선진국이라고 할 만하고, 1948년 7월 17일 대한민국 헌법이 제정 공포된 이래 민주정치의 정착을 위해 수많은 희생을 치르면서 이제는 일정 정도 민주시민의식이 고양되어 정치 선진국에 발을 들여 놓게 되었다고 할 만한데, 우리나라가 어떡하다가 이렇게까지 되었는가? 우리는 이러한 문제들의 발생 원인을 단순히 사회 시스템부재로 결론 짓기보다는 좀 더 근본적인 원인 규명을 해야 할 것이다.

사회는 개인들이 모여 구성되며, 개인의 의식은 사회의 문화를 좌우한다. 이점에서 우리는 한국사회를 구성하는 국민의 의식 문제를 주목할 필요가 있다. 만약 우리가 개인의 도덕성(道德性: morality)이나 인성(人性: humanity) 측면에 논의의 초점을 맞춘다면, 적어도 그 어떤 것에 대한 것이든 해당 지식정보가 부족하다고 결코 말할 수 없는 지금, 우리는 의식의 표층이 아닌 의식의 심층을 조명해 보아야 할 것이다.

우리나라에서는 1995년 이후 '인성'에 대한 공동의 논의가 지속적으로 이루어져 오다가 마침내 2015년 1월 20일 〈인성교육진흥법〉이 제정되었고 그 해 7월 21일부터 시행되게 되었다. 이 〈인성교육진흥법〉에서는 건전하고 올바른 인성을 갖춘 국민을 육성하여 우리나라의 발전을 목표로 삼는다는 점을 밝히고, 관련 덕목으로 예(禮), 효(孝), 정직, 책임, 존중, 배려, 소통, 협동을 예시하였다.[1]

지금이라도 우리가 '인성교육'의 중요성을 인지하게 된 것은 다행스러운 일이지만, 근본적 의문을 품게 되는 것은 과연 우리가 '인성(人性) 개념에 대하여 공동의 인식 기반을 가지고 있는가이다. 사실 '인성' 개념에 대한 인식이 분명해야 비로소 '인성' 관련 교육프로그램도 구체적으로 기획할 수가 있고 그에 따라 교육도 시행할 수가 있는 것이다. 이에 우선 '사람다움'의 측면에서 인성을 고찰해 보도록 하겠다.

2. 사람다움과 인성의 관계

우리는 앞서거니 뒤서거니 이 세상에 태어나 각자의 삶을 살면서, 또 이러저러한 인연으로 함께 살아가고 있다. 그런데 우리는 과연 어떤 삶을 지향하고 있으며 자신의 지금 모습은 어떠한가? 흔히 지식이 많은 사람을 '든 사람', 돈이나 권력이나 명예를 가진 사람을 '난 사람'이라 한다. 그리고 이 '든 사람' '난 사람' 이외에 '된 사람'을 말한다.

'된 사람'은 사람이 된 사람, 즉 사람다운 사람을 가리킨다. 때때로 "사람이면 다 사람인가. 사람다워야 사람이지!"라는 말을 하듯이 우리는 '사람다움'에

---

1) http://www.law.go.kr/LSW/lsEfInfoP.do?lsiSeq=205796#
「인성교육진흥법」(법률 제15958호, 2018.12.18. 개정, 2019.06.19.시행) 제1조(목적)과 제2조(정의)

관한 일정 통념을 가지고 있다. 그러나 '사람다움'이 과연 무엇인지는 사람을 보는 관점에 따라 다양한 이해가 있을 수 있다.(장승희 2015: 79)[2]

'사람다운 사람'을 사람으로서의 도리를 실천하고 사는 사람이라고 한다면, 사람으로서의 도리를 일차 규명해야 할 것이다. 만약 사람이 자기 혼자만 산다면, 생명을 지닌 한 존재자로서 이 세계에서 삶을 영위하는 측면에 국한하여 '사람다움'을 얘기해 볼 수가 있을 것이다. 그러나 우리가 관심을 두고자 하는 것은 다른 사람과 더불어 살아가는 삶 속에서의 '사람다움'이다.

일찍이 공자(孔子: B.C.551~B.C.479년)는 "임금은 임금다워야 하고, 신하는 신하다워야 하며, 부모는 부모다워야 하고, 자식은 자식다워야 한다."고 하였다.[3] 『주역(周易)』에도 "부모가 부모답고 자식이 자식다우며, 형이 형답고 동생이 동생다우며, 남편이 남편답고 아내가 아내다워야 집안의 질서가 바르게 되고, 집안을 바르게 해야 천하가 안정될 것이다."[4]라고 한 대목이 있다. 여기서 임금이 임금답다고 함은 임금이 임금으로서의 도리를 다하는 것이고, 신하가 신하답다고 함은 신하가 신하로서의 도리를 다하는 것이다. 마찬가지로 부모는 부모로서의 도리를 다하고 자식은 자식으로서의 도리를 다하며, 형은 형으로서의 도리를 다하고 동생은 동생으로서의 도리를 다하며, 남편은 남편으로서의 도리를 다하고 아내는 아내로서의 도리를 다해야 함을 기술하고 있다.

공자가 창시한 유가철학의 핵심은 인(仁) 사상이다. 인(仁)은 인(人)과 이(二) 두 글자가 합해진 글자다. 따라서 인(仁)은 기본적으로 사람과 사람 사이의 관계를 전제로 하고 있다. 『논어』를 보면, 공자가 인(仁)을 개념적으로 정의한 것은 없다. 다만 제자 번지(樊遲)가 인(仁)에 관하여 물었을 때, 공자가 "남을 사랑하는

---

2) 장승희는 '인성'의 의미를 '사람다움'과 연계하여 설명하고 그 가치 지향적 특색을 논하였다.

3) *論語*, 〈顔淵-11〉, "君君臣臣父父子子."

4) *周易*, 家人卦, 〈彖傳〉, "父父子子兄兄弟弟夫夫婦婦而家道正, 正家而天下定矣."

것이다."라고 일러 주었을 뿐이다. 이점에서 본다면, 인(仁)은 기본적으로 사람들이 모여 사는 공동체 사회의 여러 인간관계 속에서 서로 나누는 사랑의 의미를 함축하고 있음을 알 수 있다.(정상봉 2019: 220) 임금의 임금다움·신하의 신하다움은 군신관계에 해당하고, 부모의 부모다움·자식의 자식다움은 부자관계에 해당하며, 형의 형다움·동생의 동생다움은 형제관계에 해당하고, 남편의 남편다움·아내의 아내다움은 부부관계에 해당하는 것이다.

　사실 사람은 태어나면서부터 죽을 때까지 다양한 인간관계 속에서 삶을 살아간다. 자신이 누구를 마주하느냐에 따라 인간관계가 달라지고 그 인간관계 안에서 자신의 위상(位相)도 변한다. 가족 관계에 있어서도 부모 앞에 서면 자식이고 자식 앞에 서면 부모이며, 형 앞에 서면 동생이고 동생 앞에 서면 형이다. 자식으로서의 도리·부모로서의 도리·형으로서의 도리·동생으로서의 도리는 부모에 대한 효성·자식에 대한 자애·형에 대한 공경·동생에 대한 아낌을 내포한다. 이 효성·자애·공경·아낌은 다름 아닌 사랑의 마음이 인간관계에 따라 여러 양상으로 전개된 것이다. 사람이 비록 몸은 하나지만 다양한 인간관계 속에서 주어진 자신의 위상에 따라 그에 합당한 사랑의 마음을 표현하며 살아간다. 비록 다양한 인간관계에 따라 사랑이 드러나는 양상도 다를 지라도, 그 여러 양태의 사랑은 하나의 마음에서 나온다. 비유를 들자면, 한 줄기 빛이 스펙트럼을 통과하게 되면 일곱 색깔로 펼쳐지는 것과 같다.

　그런데 이 사랑의 마음은 어떻게 이해를 해야 하는가? 일상의 현실은 사람들이 사랑을 나누고 살기 보다는 오히려 이기심으로 인하여 서로 갈등과 반목을 일삼고 있지 않는가. 도대체 사람은 어떤 존재인가? 이러한 물음에 대하여 유가철학은 사람이 사람되는 존재의 이유(reason of being), 즉 사람이 다른 존재와 구별되는 존재의 본질(essence of being)을 덕성(德性)이라고 보았다. 일례로 맹자(孟子: B.C.372~B.C.289)는 사람에게 인의예지(仁義禮智)의 덕성이 선천적으로 구비되어 있다고 주장하였다.

인의예지(仁義禮智)는 밖에서 내게 녹아들어 온 것이 아니라 내가 본래 담지하고 있는데 돌이켜 생각하지 않을 따름이다.[5]

인의예지 네 가지 덕성은 사람이 금수(禽獸)와 다른 점으로서 사람의 존재 본질이다.[6] 식욕과 같은 생리적 욕구나 성욕과 같은 생물학적 본능을 사람의 본성으로 볼 수 없다. 왜냐하면 식욕이나 성욕은 금수와 차이가 없기 때문이다. 당시 고자(告子)는 "식욕과 성욕이 본성이다.[食色, 性也]"라고 주장을 하였는데, 이에 대하여 맹자는 만약 고자처럼 말한다면 사람이 개나 소와 차이가 없다고 논파하였다.

맹자는 인의예지의 덕성이 사람에게 갖추어져 있음을 사단(四端: 네 가지 마음의 단서)을 통해 추론된다고 보았다.

측은지심(惻隱之心)이 없으면 사람이 아니고 수오지심(羞惡之心)이 없으면 사람이 아니며 사양지심(辭讓之心)이 없으면 사람이 아니고 시비지심(是非之心)이 없으면 사람이 아니다. 측은지심은 인(仁)의 단서요, 수오지심은 의(義)의 단서이며, 사양지심은 예(禮)의 단서이고 시비지심은 지(智)의 단서이다. 사람이 이 사단(四端)을 담지하고 있음은 사지를 가지고 있는 것과 같다.[7]

주자성리학에 따르면, 단(端)은 단서(端緒: 실마리)를 뜻한다. 즉 측은지심이라

---

5) 孟子, 〈告子·上-6〉, "仁義禮智, 非由外鑠我也, 我固有之也, 弗思耳矣. 故曰: 求則得之, 舍則失之."

6) 孟子, 〈離婁·下-19〉, "사람이 금수와 다른 점은 아주 적다. 일반 사람들은 그로부터 벗어나고 군자는 그것을 보존한다.(人之所以異於禽獸者幾希. 庶民去之, 君子存之.)"

7) 孟子, 〈公孫丑·上-6〉, "無惻隱之心, 非人也; 無羞惡之心, 非人也; 無辭讓之心, 非人也; 無是非之心, 非人也. 惻隱之心, 仁之端也. 羞惡之心, 義之端也. 辭讓之心, 禮之端也. 是非之心, 智之端也. 人之有是四端也, 猶其有四體也."

는 단서를 추적하여 보면 그 본원에는 인(仁)이 있다. 마찬가지로 수오지심의 본원은 의(義)며, 사양지심의 본원은 예(禮)이고, 시비지심의 본원은 지(智)다. 이와 같이 사람은 누구나 다 인의예지를 선천적으로 갖추고 있다. 여기서 사람의 본성은 선(善)하다는 주장이 나왔다.

맹자가 예시하였듯이 사람은 어린아이가 우물로 기어가 막 빠지려는 상황을 목도하는 순간 바로 출척측은지심(怵惕惻隱之心: 깜짝 놀라며 측은히 여기는 마음)이 마음속에서 일어나 바로 그 아이를 구한다. 이때의 출척측은지심은 그 아이의 부모와 교제를 하고자 함도 아니고, 동네사람들에게 칭찬을 들으려 해서도 아니며, (구하지 않았을 경우 듣게 될) 주위 사람의 비난이 싫어서도 아니다. 즉 결과적으로 주어질 수 있는 이해(利害)와 득실(得失)을 계산해서 그 마음이 생겨난 것이 아니다. 측은지심은 현실적 이해득실의 결과와는 무관한 선(善)한 도덕적 마음의 발로이며, 그 마음의 근원은 바로 인(仁)이다. 이와 같이 사람의 도덕적 마음은 선천적으로 구비한 선한 덕성(德性)에서 비롯한다는 맹자의 성선설(性善說)은 유가윤리학의 근간이 되었다.

철학사적으로 보면, 원대(元代) 주자성리학이 관학(官學)으로 자리매김을 한 이래 동아시아에서는 오랜 시간 지대한 영향력을 발휘해 왔다. 특히 주자(朱子: 1130~1220년) 본말(本末)과 체용(體用)의 논리에 입각하여 심성(心性) 문제를 설명하였는데, 인(仁)은 근본(根本)이자 본체(本體)이며 측은지심은 그 말단(末端)이자 작용(作用)으로서 사람의 도덕 감정은 도덕 본성이 구체적으로 드러난 것이라고 보았다.[8] 이러한 관점은 인성본선론(人性本善論)이라고 할 수 있다.

---

8) *孟子集註*, 〈公孫丑·上-6〉, "측은(惻隱)·수오(羞惡)·사양(辭讓)·시비(是非)는 정(情)이요, 인(仁)·의(義)·예(禮)·지(智)는 성(性)이요, 심(心)은 성(性)과 정(情)을 통합한 것이다. 단(端)은 실마리이다. 정(情)이 발함으로 인하여 성(性)의 본연(本然)함을 볼 수 있으니, 마치 물건이 가운데에 있으면 실마리가 밖으로 드러나는 것과 같다.(惻隱羞惡辭讓是非, 情也; 仁義禮智, 性也; 心統性情者也. 端, 緒也. 因其情之發而性之本然可得而見, 猶有物在中而緒見於外也.)" 주자는 성(性)과 정(情)을 미발(未發)의 체(體)와 이발(已發)의 용(用) 관계로 보았다.

주자의 인성본선론은 사람은 본래 선하다는 것을 대전제로 하여 엄밀한 의미의 도덕형이상학(moral metaphysics) 이론체계를 구축하였다. 그러나 인성본선론과 같은 형이상학적 윤리설은 이론체계의 공고함과 정합성에도 불구하고 이론과 현실의 간극이 크다 보니 그 간극을 메꾸기 위해서 아주 세밀한 수양공부 항목을 제시하게 되었다. 마음의 미발과 이발을 관통하는 거경(居敬)과 격물궁리(格物窮理)가 그것이다.

그런데 다산 정약용(丁若鏞: 1762~1836년)은 성선설을 풀이하면서 사람은 선(善)을 좋아하고 악(惡)을 싫어하는 본성을 지녔다고 하였다. 이때의 본성은 사람이 태어나면서부터 갖추고 있는 본래적 경향성(傾向性: inclination) 혹은 성향(性向: disposition)을 가리킨다. 이와 같이 사람의 본성은 선(善)을 지향한다든가 사람의 본성은 선(善)에로의 경향성이 있다고 보는 관점은 인성향선론(人性向善論)이라고 할 수 있다.

다산에 따르면, 일반적으로 사람은 칭찬을 받으면 기뻐하고 나무라면 부끄러워한다. 심지어는 도둑이나 음탕한 자도 칭찬을 받으면 즐거워한다. 이 심리적 성향은 바로 선(善)을 좋아하고 악(惡)을 부끄럽게 여기는[樂善恥惡] 천성(天性)에서 비롯한 것이다. 또 사람들이 충신(忠臣)이나 효자(孝子)에 대하여 선하다고 칭찬하고 탐관오리(貪官汚吏)를 악하다고 비난하는 것도 선(善)에로의 경향성(傾向性)을 갖고 있음을 보여준다. 이 호선오악(好善惡惡)의 성향(性向)은 수만 가지로 표출될 수가 있지만, 그 가운데 대표적으로 꼽은 것이 사단(四端)의 마음일 뿐이다.(정상봉 2014: 117)[9]

다산은 단(端)을 두(頭)·본(本)·수(首)의 의미로 보았다.[10] 즉 불이 막 타오름[화

---

9) *與猶堂全書, 孟子要義* 〈滕文公爲世子孟子言必稱堯舜章〉, "見忠臣孝子則美之爲善也與國人同, 見貪官汚吏則疾之爲惡也與國人同, 此所謂性善也."

10) 참고 *與猶堂全書, 孟子要義*, 〈公孫丑·人皆有不忍人之心章〉

지시연火之始然]·샘이 막 솟아남[천지시달泉之始達]의 시(始)처럼 단(端)은 선(善)을 지향하는 도덕적 성향의 발로이며 시작점이다. 인의예지(仁義禮智) 네 가지 덕(德)도 본래 구비하고 있는 선천적 덕성(德性)이 아니라, 사단의 마음을 시작점으로 삼아 지속적으로 실천해 나가다 보면 점차적으로 형성되는 품덕(品德)이다. 다시 말하면, 도덕적 마음을 실천에 옮기다 보면 도덕적 품덕이 서서히 형성되는 것이다.

> 인의예지의 명칭[名]은 본래 사람이 실천하는 데서 생기는 것이지 마음의 심오한 이치에 있는 것이 아니다. 사람이 하늘로부터 품수한 것은 단지 이 영명함[靈明]뿐이니 어질[仁] 수 있고 의로울[義] 수 있으며 예의바를[禮] 수 있고 지혜로울[智] 수가 있는 것이다. 만약 상천(上天)이 인의예지 네 개의 씨앗을 인성(人性) 속에 부여하였다고 말한다면, 그 실질이 아니다.[11]

사람에게는 분명 측은·수오·사양·시비의 마음이 있다. 이 네 가지 마음이 담긴 행동을 계속 실천하고 더욱더 확충해 나가게 되면 사람에게 인·의·예·지의 덕(德)이 형성된다. 이점에서 측은·수오·사양·시비의 마음이 가능태(可能態: potentiality)라면 인·의·예·지의 덕(德)은 현실태(現實態: actuality)이다.

다산이 천주교(天主教)를 접하게 되면서 마테오리치의 『천주실의(天主實義)』에 반영된 서양 아리스토텔레스의 관점 내지 그것을 계승한 토마스 아퀴나스의 사유 모식을 수용했고, 그것이 유가경전의 해석에 있어서도 상당한 영향을 미친 것은 틀림이 없다.(송영배 2004: 123) 그러나 그는 여전히 유가윤리학의 대전제인 성선설을 취했다. 물론 그는 인성향선의 차원에서 인성(人性)을 다루었고,

---

11) *與猶堂全書, 中庸講義補*, "仁義禮智之名, 本起於吾人行事, 並非在心之玄理. 人之受天, 只此靈明, 可仁可義可禮可智, 則有之矣. 若云上天以仁義禮智四顆, 賦之於人性之中, 則非其實矣."

그 인성향선론은 도덕적 실천의 이론적 토대가 되었다.

공맹(孔孟)이래 유가철학은 '사람다움'에 주목하여 도덕적 측면에서 사람의 존재이유이자 존재본질로서 인성(人性)을 논했다. 사람의 본성은 선하다는 대전제로부터 인성 함양을 위한 교육의 방향이 설정되고 교육프로그램이 기획되고 시행될 수 있다. 즉 선지(先知)·선각(先覺)의 교사가 아직 미처 알지 못하고 깨닫지 못한 학생을 일깨워 주고, 학생 스스로도 자기함양과 도덕실천의 노력을 경주하면 학식과 덕망을 갖춘 군자(君子)나 이상적 인간상인 성인(聖人)에로의 지평도 열리게 되는 것이다.[12] 한편으로 보면, 성선설에 입각한 유가철학은 사람에 대한 근본적인 믿음을 갖고 있다는 점에서 도덕적 자각(自覺)과 자발적(自發的) 실천을 통해 자율도덕(自律道德)을 확보할 수 있다는 가치와 의의가 있다.

유가철학이 '사람다운 사람' 내지 '된 사람'을 교육목표로 삼아 도덕적 자각과 자발적 실천을 이끌어 내는 교육방법을 운용해 온 것은 사람으로서의 자존감(自尊感)이 실린 도덕교육의 일단을 보여준 것이다. 물론 사람의 본성은 선도 없고 악도 없다고 전제할 경우도 학습을 통해 사회규범의 인지와 실천, 그리고 사회성원 간의 화합을 유도할 수 있다. 또 사람의 본성을 이기적이라고 볼 경우도 사람이 지닌 지적 변별능력을 최대한 활용하여 기존의 규범체계를 익히고 그 도덕규범을 지키게 함으로써 평화 공존의 세상도 건설할 수 있다. 심지어 사람의 본성은 이기적이고 악하다는 입장에서 법에 근거한 형벌의 집행을 통해 사회성원 간의 갈등과 싸움을 막고 사회질서를 유지해 나갈 수도 있다. 그러나 '도덕교육'은 학생의 잠재적 가능성을 계발하고 자각을 일깨워 주며 자발적으로 실천해 나갈 수 있도록 하는 것이 바람직하다. 왜냐하면 그

---

12) *孟子* 〈萬章·上-6〉, "天之生此民也, 使先知覺後知, 使先覺覺後覺也." 같은 책, 〈告子·上-2〉, "曹交問 曰: 人皆可以爲堯舜, 有諸? 孟子曰: 然."

것은 외적 강제에 의한 타율도덕(他律道德)이 아닌 자각과 자발에 의한 자율도덕(自律道德)의 지평을 열어 줄 수 있기 때문이다.

전통사회에서도 이상과 현실의 괴리감이 커서 유가철학은 개인의 자기함양과 사회적 교육, 그리고 덕치(德治)를 부단히 강조해 왔다. 그러나 '사람다운 사람'과 '사랑이 충만한 사회'라는 이상은 쉽게 구현되질 못하였다. 오늘날의 한국사회가 비록 절대빈곤으로부터 벗어났고 민주정치제도가 시행되고 있으며 과학기술에 의해 일상생활 편익이 제고되었다고 하더라도 학교폭력·따돌림·갑질·태움, 그리고 성추문과 성범죄에 이르기까지 수많은 사회병리현상이 발생하고 있다. 우리가 자유·평등·정의·인권이라는 보편가치에 대해 무지하지도 않고 한국사회의 규범체계와 법질서가 완전히 흐트러진 것도 아닌데 어찌하여 이처럼 심각한 문제 상황에 놓이게 된 것일까. 자문을 거듭하면서 '인성'이라는 핵심어를 떠올리고 인성교육을 통해 이러한 문제들을 해결해 보자는 희망어린 다짐을 하는 것은 그나마 우리들이 인성과 인성교육에 대한 공동의 인식기반을 모색하게끔 해 준다.

3. 인성교육의 실천방법: 서(恕)

우리나라에서 2015년 7월 21일부터 시행되고 있는 〈인성교육진흥법〉에는 예(禮), 효(孝), 정직, 책임, 존중, 배려, 소통, 협동 등의 마음가짐이나 사람됨과 관련되는 핵심적인 가치 또는 덕목이 제시되었다. 그러나 실질적인 법의 시행, 즉 인성교육의 시행과 그에 대한 지원이 제대로 되고 있지 않다. 그것은 인성에 대한 우리의 공동 인식 부재로 인하여 인성교육의 내용 구성 및 인성교육의 시행 방법이 적시되지 못하였기 때문이다. 차제에 우리는 사람에 대한 근본적 신뢰의 끈을 놓지 않는 유가철학의 인성 개념에 기초하여 인성교육 프로그램도 구상해 보고 그 실천방안을 모색해 볼 필요가 있다. 이것은 전통철학을 현대사회에 접목시키는 작업이란 점에서 그 나름의 의의를 갖는다.

앞서 살펴보았듯이 유가철학의 성선설(性善說)은 인성본선론(人性本善論)과 인성향선론(人性向善論) 두 가지로 대별해 볼 수 있다. 이 가운데 인성향선론이 상대적으로 다수의 사람들에 의해 수용될 수 있을 가능성이 크다. 다산 정약용의 인성향선론은 사람은 본래 선(善)에로의 경향성을 지니고 있으며 배움과 실천을 통하여 그 경향성을 실현해 낼 수 있다는 주장이다. 이것은 우리에게 존재에 대한 신뢰에 기초한 자존감(自尊感)을 심어줌과 동시에 선악·시비가 문제시 되는 일상의 도덕적 상황 속에서 선한 쪽으로 꾸준히 실천의 노력을 해나갈 것을 요청한다.

다산이 사람은 선을 좋아하고 악을 싫어한다고 말했듯이, 우리도 예(禮)를 아는 사람·효(孝)를 다하는 사람·정직한 사람·책임감 있는 사람·남을 존중하는 사람·남을 배려하는 사람·남과 소통하고 협동할 줄 아는 사람을 좋아하고, 예를 모르는 사람·불효하는 사람·정직하지 못한 사람·책임감이 없는 사람·남을 존중하지 않는 사람·남을 배려하지 않는 사람·남과 소통하고 협동할 줄 모르는 사람을 싫어한다. 이러한 선을 지향하는 도덕적 성향을 잘 살려낼 수 있도록 도와주는 것이 교육이다.

교육은 교사가 학생들로 하여금 도덕적 당위를 자각할 수 있게 틔워주고 도덕적 당위를 자발적으로 실천할 수 있게 도와주는 작업이다. 교사는 인성계발의 안내자이고 학생은 인성실현의 주체자이다. 도덕적 당위에 관한 교육은 그 초점이 자각(自覺)과 자발(自發)에 맞춰져야 한다. 자각(自覺)은 교육현장에서 교사가 다양한 교육용 자료와 매체를 활용하여 핵심 가치나 덕목을 학생에게 알려주면 학생이 반성적(反省的) 사유를 통하여 그것이 마땅함을 스스로 깨닫는 것이다. 이 과정에서 유추(類推)와 추론(推論)도 할 수 있고[13], 학생들 사이의 모둠 토론이나 활동도 효과적으로 운용할 수 있을 것이다. 여기서 자각은 단순히 도덕적 당위를 인지(認知)하는 데 그치는 것이 아니다. 자각은 간접적 도덕정황 (indirect moral situation)에서나 직접적 도덕정황(direct moral situation)에서 마땅히 어떻게 하는 것이 그 정황에 맞게 타인을 대하거나 일처리를 하는 것인지에 관하여 '바로 이렇게 하는 것이 옳다!'고 스스로 깨닫는 것이다.[14] 진정한 자각(自覺)은 실천을 수반한다. 무엇이 옳고 마땅히 어떻게 해야 하는지를 명확히 알면서 실천에 옮기지 못하는 경우는 거의 없다.[15] 자발(自發)은 도덕적 당위에 대한 자각을 토대로 자신의 마음에서 우러나와 도덕실천을 하는 것이다, 자발은 외부적 강요에 의해 억지로 하거나 권유에 의해 마지못해 하는 것이 아니라 스스로 주체적이고 능동적으로 실천에 옮긴다는 측면에서 자율적이다.

교사가 학생의 자각과 자발을 이끌어내고, 학생 스스로도 자신의 도덕적 성향을 살려 내기 위해서 서(恕)의 실천방법을 적극 활용할 필요가 있다. 서(恕) 는 여(如)와 심(心) 두 글자의 합성자로서 '남의 마음도 내 마음 같으려니'하고 헤아리는 것이다. 공자는 "자기가 바라지 않는 것을 남에게 베풀지 마라."[16] "자기가 서고자 하면 남을 서게 해주고, 자신이 이름나기를 바라면 남으로 하

---

13) *論語* 〈公冶長-9〉, "자공이 대답했다: (…) 안회는 하나를 들으면 열을 안다.(回也, 聞一以知十.)" 〈계씨-13〉, "진항이 물러나 기뻐하며 말했다: 한 가지를 물었다가 세 가지를 얻었다.(陳亢退而喜曰: 問一得三.)" 여기서 "알다[知]"나 "얻다[得]"은 유추나 추론을 통해 이해함을 뜻한다.

14) 간접적 도덕정황은 사람이 책을 읽으면서 접한 도덕정황이라던가 남이나 매체를 통해 들은 도덕정황을 가리키고, 직접적 도덕정황은 사람이 특정 시공간 속에서 직접 접한 도덕정황을 가리킨다.

15) 도덕적 당위의 실천이 의지와 용기를 필요로 한다는 점에서 어떤 경우는 분명히 자각했음에도 불구하고 실천으로 이어지지 못하기도 한다.

16) *論語* 〈衛靈公-24〉, "己所不欲, 勿施於人."

여금 이름나도록 한다."[17]고 하여 서(恕)의 소극적(消極的) 측면과 적극적(積極的) 측면을 언급하였다.(唐君毅 1986: 87)

서(恕)는 자신의 마음을 미루어 남의 마음을 헤아리는 것이다. 다음의 사례들을 보기로 하자.

E 1: 예(禮) 〈소극적 서(恕)〉

P1: 나는 남이 내게 무례하게 구는 것을 싫어한다.
P2: 남도 나처럼 무례하게 구는 것을 싫어할 것이다.
C: 따라서 나는 남에게 무례하게 굴지 말아야 하겠다.

E 2: 배려 〈적극적 서(恕)〉

P1: 나는 남이 나를 배려해 주었으면 바란다.
P2: 남도 나처럼 배려해 주기를 바랄 것이다.
C: 따라서 나는 남을 배려를 해야 하겠다.

사실 소극적 서와 적극적 서는 양자가 전혀 다른 영역에 속하는 것이 아니라 서로 환치(換置) 가능하다.(정상봉 2019: 230) 위의 예는 다음과 같이 환치된다.

E' 1: 예 〈적극적 서〉

P1: 나는 남이 예를 갖춰 대해 주었으면 좋겠다.
P2: 남도 나처럼 예를 갖춰 대하기를 바랄 것이다.
C: 따라서 나는 남에게 예를 갖춰 대해야 하겠다.

E' 2: 배려 〈소극적 서〉

P1: 나는 남이 배려해 주지 않는 것을 싫어한다.
P2: 남도 나처럼 배려해 주지 않는 것을 싫어할 것이다.
C: 따라서 남을 배려해 주지 않는 일이 없도록 해야겠다.

---

17) 論語 〈雍也-30〉, "己欲立而立人, 己欲達而達人."

서(恕)는 역지사지(易地思之: 자리 바꿔 생각하기/입장 바꿔 생각하기)의 방법이다.(정상봉 2015: 174)[18] 예(禮), 효(孝), 정직, 책임, 존중, 배려, 소통, 협동 등은 더불어 살아가는 삶 속에서 서로에 대한 마음가짐이며 사람됨에 관련된 핵심 덕목이다. 우리는 다양한 인간관계를 통하여 남을 마주하게 되고 사회 안에서 일정한 업무를 처리하며 살아간다. 남을 대하거나 일처리를 할 때 가장 핵심은 사랑의 마음에 기초한 도덕적 당위의 실천이다. 〈인성교육진흥법〉에 명시한 덕목들도 그 가운데 핵심적인 것을 꼽은 것이다. 서(恕)는 이러한 덕목들을 자각하게 이끌어 주고 자발적 실천으로 안내해 줄 수 있다. 이점에 주목하여 다산이 공자가 사랑[仁]을 실천하는 일관된 방법이 서(恕)라고 보았다.[19]

서(恕)는 상호적 성격을 띤다. 나는 남을 헤아리고 남은 나를 헤아리는 것은 상대에 대한 존중과 관심, 그리고 배려가 그 속에 들어 있다. 따라서 서로에 대한 사랑의 마음이 우리 자신에게서 우러나올 때 상호 화합과 화목의 길은 열릴 것이다. 다시 말해 살면서 사람을 대할 때나 일을 처리할 때 도덕적 당위가 고려된 사랑의 마음가짐을 갖고 사람을 대하며 일을 처리해 나가게 되면

---

18) 참고 문병도, "孔孟의 恕의 도덕판단 방법론에 관한 小考", 東洋哲學 8, 1997, 184쪽. 문병도는 서(恕)가 행위자의 역할전환(role reversal)을 포함한다고 보았는데, 이것은 다름 아닌 역지사지(易地思之)의 마음가짐이며 태도다. 참고 신정근, 공자씨의 유쾌한 논어, 사계절, 2009, 624쪽. 이선열, "타자 대우의 두 원칙: 관용과 서(恕)", 栗谷思想研究 24, 2012, 95~97쪽. 이선열은 서(恕)가 보편타당한 도덕의 제1원리로 기능할 수는 없어도 타자 대우의 태도나 윤리적 실천전략으로 볼 수 있다고 하였다.

19) 다산은 증자가 공자의 도를 "충서(忠恕)"일 뿐이라고 했는데, 이때 충(忠)은 중(中)과 심(心)의 합성자로서 '(내) 마음속에서 우러나옴' '진실한 마음[實心]'의 뜻을 갖고 있으므로 "충서"는 "진실한 마음으로 서(恕)를 행하다."로 풀이하는 것이 공자의 일이관지(一以貫之)에 합치한다고 하였다. 與猶堂全書(心經密驗〈심성총의(心性總義)〉), "所謂忠恕者.不過曰實心以行恕耳." 다산이 보기에는 "충서"를 주자처럼 진기(盡己)의 충(忠)과 추기급인(推己及人)의 서(恕) 둘로 나누게 되면 공자의 "하나로써 관통하다[一以貫之]"고 한 뜻에 부합하지 않고 "둘로써 관통하다[二以貫之]"가 되어 버린다고 비판하였다. 참고 정상봉, "朱熹與丁若鏞對孔子一貫之道的詮釋", 國際中國學研究 11(한국중국학회, 2008), 295~296쪽.

점차적으로 우리에게 예시된 핵심덕목과 같은 덕(德)이 형성될 것이다.

현대사회는 자유·평등·인권·정의와 같은 보편적 가치가 통용되고 있다. 따라서 인성교육도 보편 가치에 준하여 자율도덕(自律道德)을 유도하는 방향으로 진행되어야 한다. 아무리 눈앞의 현실이 우리를 절망하게 만든다 할지라도 법(法)과 같은 외적 강제수단으로 문제를 해결하고자 하는 것은 한시적 미봉책에 불과하다. 유가철학이 제시한 인성 개념을 토대로 인성교육 프로그램을 개발하고, 또 훌륭한 덕을 갖추기 위한 실천방법으로서 서(恕)를 적극 활용한다면, 점차 '사람다움'을 갖춘 '된 사람'들이 늘어나고 또 서로 사랑의 마음을 더욱 더 많이 나눔으로써 개인의 인성 함양은 물론 사회성원의 규범의식이 고양되게 될 것이다. 이점에서 우리 사회가 경제선진국과 정치선진국을 넘어 문화선진국으로 나갈 수 있는 길이 바로 여기에 있다고 하겠다.

도가철학과
홀리스틱 인성교육

1. 인성교육프로그램 개발을 위한 연구

이 글은 〈도가철학에 근거한 인성교육프로그램 개발〉을 위한 선행 연구이다. 즉 교육 현장에서 구체적으로 운영 가능한 인성교육프로그램 개발을 고려하여 그 이론적 정당성을 확보하기 위한 연구이다. 이미 학계에서 인성교육연구에 대한 축적이 적지 않게 이루어졌고 인성교육을 표방하는 프로그램들이 운영되고 있다. 그럼에도 〈인성교육진흥법〉 제2조에서 제시하는 예(禮), 효(孝), 정직, 책임, 존중, 배려, 소통, 협동 등의 마음가짐이나 사람됨과 관련되는 핵심 가치·덕목의 실천이나 그 능력의 배양을 명확히 거론하며 관련된 논의를 전개하는 연구는 많지 않다. 이는 학계가 해당 법률 제정과 공포가 이루어진 시대적 상황을 고려함과 동시에, 교육현장의 요구에 부합하는 적절한 대답을 내놓지 못하는 한계를 드러내고 있다고 말할 수밖에 없다. 도가철학계의 사정 또한 비슷하여 전통적 의미에서 '가르침'의 범주에 속할 수 있는 『노자』나 『장자』의 내용들을 사상적 측면에서 다루고 있을 뿐이다. 도가철학 내 해당 내용의 발굴로부터 현실에서 적용 가능한 인성교육프로그램 개발에 이르는 과정의 이론적 정당성 확보를 위해 무엇을, 왜, 어떻게 가르쳐야 하고 가르칠 수 있는가에 대해 오랜 동안 고민을 거듭하고 다양한 이론을 확립함으로써 설득력 있는 대답 또한 제시해 온 교육학에 눈을 돌려야 하는 이유이다. 그 가운데 도가철학과 공통의 분모를 지니거나 유사성을 지닌 이론을 발견하고 도가철학과 교육의 관계 문제에 대해 적절히 답할 수 있다면, 전통적으로 천하 통치 혹은 개인의 양생을 위한 방법이나 원리를 역설했다고 평가되는 도가철학을 통해 인성교육의 한 축을 맡기는 데로까지 나아갈 수 있을 것이다.

이 글에서는 도가철학과 홀리스틱 인성교육의 문제를 탐구하고자 한다. 그러나 이는 도가철학의 교육사상과 홀리스틱 인성교육의 비교 고찰이 아니라, 도가철학에 근거한 인성교육이 홀리스틱 인성교육으로 전개되어야 함을 의미한다. 홀리스틱 인성교육은 도가철학에 근거하지 않더라도 전개될 수 있다. 이에 도가철학에 근거한 홀리스틱 인성교육이 지향할 가치는 도가철학 내에서 발굴되어야 하며 시의성을 고려할 때, 〈인성교육진흥법〉에 명시된 핵심 가치·덕목과도 연관이 있어야 한다. 〈인성교육진흥법〉은 하나의 법률일 뿐만 아니라, 특히 합의가 쉽지 않은 '인성' 개념의 사회적 숙고의 결과이다. 그럼에도 해당 법률과의 연관을 말하는 최근 연구들 가운데, 그 의미에 주목하지 않고 재차 개념 정리에 힘을 기울이는 경우가 적지 않다. 해당 개념의 의미에 폐기되어야 할 중대한 문제가 있지 않다면, 우리들은 사회적 숙고의 결과물을 수용하고 보다 발전적 논의를 전개해야 한다. 이러한 내용을 위해 홀리스틱 교육의 철학적 토대와 홀리즘을 살펴봄으로써 도가철학과 홀리스틱 교육이 공통된 세계관에 기반하고 있음을 드러내고 동시에 도가철학과 교육의 관련성 문제를 확인할 것이다. 다음으로 〈인성교육진흥법〉 인성 개념의 의미를 살펴보고 그 배양을 위한 목적 성취와 관련하여 고려해야 하는 문제점을 종합적으로 검토할 것이다. 끝으로 도가철학에 근거한 홀리스틱 인성교육이 지향할 가치를 탐색해볼 것이다.

2. 홀리스틱 교육의 철학적 토대와 홀리즘

교육학의 이론들 가운데, 도가철학과 교육의 관계 문제에 대해 적절한 답을 제시하고 있는 것으로 홀리스틱 교육을 꼽을 수 있다. 홀리스틱 교육으로 저명한 John Miller(2007: 16)는 Aldous Huxley의 『영원의 철학(*Perennial philosophy*)』이 『홀리스틱 교육과정(*Holistic Curriculum*)』에 철학적 토대를 제공하고 있다고 자술하며 또한 홀리스틱 교육의 뿌리는 다양한 영적 전통과 가르침의 근간을 이루는 핵심 지혜에서 찾아질 수 있고 이 핵심 지혜는 영원의 철학으로 언급됐던 것들로 서양에서는 플로티누스(Plotinus), 아우구스티누스(Augustine)와 같은 사상가에서 흔적을 찾게 되며 동양에서는 『우파니샤드(*Upanishads*)』, 『도덕경』[1], 붓다의 가르침에 기초한다고 말한다.

밀러(2007: 17-18)는 영원의 철학이 포함하고 있는 요소들을 다음과 같이 정리하여 제시한다.

> ① 우주에는 실재의 상호연결성[2]과 신비한 통일(예를 들어 헉슬리의 신성한 실재)이 있다.
> ② 개인의 내적 자기 혹은 영혼과 이 신비한 통일 사이에 친밀한 연결이 있다.
> ③ 이 신비한 통일에 대한 앎은 다양한 명상 훈련들을 통해 발달될 수 있다.
> ④ 가치는 실재의 상호연결성을 보고 실감하는 것으로부터 끌어내진다.
> ⑤ 이 실상의 자각은 불의와 인간의 고통에 대처하도록 고안된 사회적 활동으로 인도할 수 있다.

---

1) 헉슬리는 『영원의 철학』에서 『노자』 외에도 『장자』의 구절을 적지 않게 언급하고 있다.
2) 김현재 외(2000: 29)는 'an interconnectedness of reality'를 '실체의 상호연관성'으로 번역하고 있다.

밀러는 먼저 우주에 실재(reality)의 상호연결성(interconnectedness)과 신비한 통일(mysterious unity)이 있음을 말한다. 이어 인간은 개인의 내적 자기 혹은 영혼과 신비한 통일 사이에 친밀한 연결이 있음을 지적한다. 그가 말한 상호연결성을 지닌 실재는 우리들이 일상 경험에서 '리얼함' 혹은 '현실적'이라 판단하게 하는 감각(senses)을 의미하지 않는다. 밀러가 철학적 토대를 제공받은 『영원의 철학』에서는 『브리하다란야카 우파니샤드(Brihad Aranyaka Upanishad)』의 내용을 인용하여 "감각들은 real이고 브라흐마는 그것들의 Reality이다"(Aldous Huxley 2011: 42)라 하고 "'실재'에는 위계가 있다. 우리의 일상 경험에 속하는 다양한 세계는, 그 자체의 수준에서는 의심할 여지가 없는 상대적 실재(relative reality)와 함께하는 현실이다. 그러나 이 상대적 실재는 절대적 실재(absolute Reality) 속에, 그리고 같은 기준으로는 잴 수 없는 다름 때문에 비록 우리가 직접적으로 파악할 수 있을지라도 기술하기를 기대할 수 없는 절대적 실재 때문에 존재한다"(Aldous Huxley 2011: 42)고 실재 개념을 구분한다.

밀러의 이해에 따르면, 감각으로 표방되는 현상이 우리들로 하여금 독립성을 지닌 개체를 참된 것으로 여기게 하지만, 이는 위계가 낮은 상대적 실재일 뿐이고 절대적 실재야말로 참되며 그것은 감각을 거치지 않고 직접적으로 파악할 수 있는 상호연결성과 신비한 통일을 지닌다. 그리고 개인의 내적 자기 혹은 영혼과 이 신비한 통일은 매우 가깝기에 감각에 기초하고 이성을 통하는 분석적 사고의 전개가 아닌 다른 방식의 다양한 명상 훈련들을 통해 신비한 통일에 대한 앎의 발달이 가능하다.

그런데 헉슬리의 '상대적 실재는 절대적 실재 속에 그리고 절대적 실재로 인해 존재한다'는 말은 전자에 해당하는 독립된 개체와 후자에 해당하는 상호연결성과 신비한 통일의 관계를 지적한 것임과 동시에, 그것들을 부분과 전체의 관계 문제 속에서 제출한 이해이다. 즉 그것은 '부분은 전체 속에 그리고 전체로 인해 존재한다'는 이해와 상통한다. 이는 또한 헉슬리나 밀러가 부분과 전체의 문제를 기계론(mechanism)과는 다른 전체론(holism)의 관점에서 조망하고 있음을 보여준다.

'홀리즘(Holism)'은 그리스어 'ὅλος(holos: whole)'로부터 얀 스머츠가 새롭게 만든 용어로 '홀리즘적'을 뜻하는 '홀리스틱(holistic)'과 함께 그의 저서 『홀리즘과 진화(Holism and Evolution)』(1926)에서 처음 제시되고 있다.(Jan Smuts 2014: 86, 98) 스머츠는 '전체는, 그것의 부분의 총합 이상이다, ……(A whole, which is more than the sum of its parts, ……)'라는 유명한 명제를 통해 기계적 시스템과 구별되는 전체를 주장한다. 그에 따르면, 기계적 시스템의 본질은 모든 내적인 것의 부재이다. 시스템 혹은 부분의 모든 내적 경향과 관계, 활동의 부재이다.(Jan Smuts 2014: 103) 반면, 부분의 총합 이상인 전체는 부분의 종합(synthesis) 혹은 통일(unity)이므로 그 부분의 활동과 상호 작용에 영향을 미치고 특별한 특성을 깊이 새기며 그러한 통일 혹은 종합이 없는 결합과 다르게 만든다.(Jan Smuts 2014: 122) 따라서 부분의 종합 혹은 통일 여부는 기계론과 전체론을 판가름하는 기준이 된다.

부분의 종합 혹은 통일인 전체는 내적인 '무언가'를 지닌다고 스머츠는 재차 말한다. 그것은 어떤 내적 구조이자 기능이며 특유의 내적 관계들이자 특성이나 본성으로서의 내재성이다.(Jan Smuts 2014: 103) 달리 말해, 전체는 부분의 단순한 결합이나 그것을 가리키는 이름에 불과하지 않다. 그것은 내적 구조나 기능, 관계들, 특성, 본성으로서 내재성이자 전체성(wholeness)이다. 이 때문에 그는 전체가 부분에 부가적인 무언가가 아님을 강조(Jan Smuts 2014: 104)하며 양자의 불가분성에 대해 "따라서 전체와 부분은 상호적으로 영향을 주고 서로를 결정하며, 그들의 개별적 특징을 병합하는 것처럼 보인다. 전체는 부분 속에 있고 부분은 전체 속에 있으며 전체와 부분의 이 종합은 전체로서만이 아니라 부분의 기능으로서 전체론적 특징에 반영된다"(Jan Smuts 2014: 86)고 역설한다.

부분의 상호 작용을 넘어 전체와 부분이 상호적으로 영향을 주고 서로를 결정하며 전체가 부분의 개별적 특징을 하나로 하는 것은 전체와 부분 간의 불가분성은 물론이고 내재성이자 전체성을 통한 부분 간의 불가분성을 드러낸다. 이 때문에 전체는 부분 속에 있고 부분은 전체 속에 있다고 말할 수 있으며 더 나아가서는 '전체가 곧 부분이고 부분이 곧 전체이다'라고도 말할 수 있다.

전체가 부분에 내재한다는 언급은 특히 노자와 장자의 철학에서 도(道)가 만물에게 덕(德)으로 얻어진다는 사유와 유사하다.[3] 또한 "전체는 부분 속에 있고 부분은 전체 속에 있다"는 말은 도가 "있지 않은 곳이 없다"[4]고 말하는 『장자』의 유명한 고사를 떠올리게 한다.[5]

이와 같이, 밀러가 자신의 홀리스틱 교육과정에 『노자』와 『장자』를 포함시켜 다룬 영원의 철학이 철학적 토대를 제공하고 있다고 자술한 점, 스머츠가 전체론을 뜻하는 홀리즘과 홀리스틱 사유를 통해 전체가 부분에 내재하고 전체와 부분 간 또한 부분 간의 불가분성을 역설한 내용이 노자나 장자의 철학과 그 사유가 매우 유사한 점, 더 나아가 밀러가 "영원의 철학은 각 인간 안에 있는 무제약[6]의 자기 혹은 영혼의 개념에 기반을 둔다. 이것은 존재의 가장 깊은 부분인 동시에 우주의 최고 원리인 God나 Tao와 연결되어 있다"(John

---

3) "天得一以淸, 地得一以寧, 神得一以靈, 谷得一以盈, 萬物得一以生, 侯王得一以爲天下貞."《老子》10장, "物得以生, 謂之德."《莊子·天地》

4) "東郭子問於莊子曰：'所謂道, 惡乎在?' 莊子曰：'無所不在.'."『莊子·知北遊』

5) 노자와 장자철학의 도를 전체와 연관하여 다룬 논의는 김현수(2011)；김현수(2016)；김현수(2017)를 참조.

6) 밀러는 'a conditioned self, or soul'이라 하고 있으나 같은 책 27쪽에서 토마스 머튼(Thomas Merton)의 미간행 원고『Inner Experience』(1959)를 통해 ego에 해당하는 exterior 'I'와 대비하여 inner self에 해당하는 interior 'I'를 인용하면서 'the unconditioned self'를 언급하고 있다. 따라서 그것은 'a unconditioned self, or soul'의 잘못된 표현으로 이해된다.

Miller 2007: 25)고 함으로써 우주의 최고 원리로서 도를 직접 언급하는 점까지 고려할 때, 홀리스틱 교육을 통해 도가철학과 교육의 관계 문제에 대한 적절한 답이 제시되고 있으며 이로부터 도가철학에 근거한 인성교육이 홀리스틱 인성교육의 개념 아래 전개될 수 있음을 보여준다고 평가 가능하다.

3. 〈인성교육진흥법〉 인성 개념의 의미와 종합적 검토

인성 개념은 우리나라에서 1990년대 중반 이후 이루어진 연구들에서 다양한 의미로 이해되고 있다. 이러한 연구들의 결과에 따르면, 인성을 동양적 전인(全人)과 같은 것으로 보거나 개인의 심리적 특성, 좋은 품성 또는 덕, 인간 본성, 인격으로 보는 입장 등으로 분류할 수 있다. 특히 그것은 심리학적 관점에서 도덕적으로 중립적인 성격(personality)을 의미하고 윤리학적 관점에서는 도덕적 품성, 도덕적 자질 등을 내포한 도덕성(morality) 내지 인격(character)을 의미한다. 또한 (도덕)교육학적 관점에서는 심리학적 관점의 성격으로서 인성 개념, 윤리학적 관점의 인격으로서 인성 개념과 긴밀한 상관관계를 유지하면서 그 핵심에 도덕성을 정초시키고 있으나 범위는 윤리학적 규범, 가치, 덕 등에 제한되지 않고 건전한 사회성과 민주적 시민성 등을 포함하여 포괄적으로 이해된다.(유병열 외 2012: 16-19)

심리학적 관점과 윤리학적 관점을 모두 담아 인성 개념을 정의하고자 한 노력이 교육부의 『인성교육강화기본계획』(2013, 8.)에 나타나 있기도 하다. 그것에 따르면, "인성은 개인과 사회에 영향을 주는 '성품, 기질, 개성, 인격' 등 추상적으로 사용되며 사전적 정의는 '사람의 성품 또는 각 개인이 가지는 사고와 태도 및 행동 특성', 일반적 의미는 '사회적으로 인정되는 바람직한 인간적 특성 또는 인격, 사람됨'이다."(홍석영 2013: 189)

인성 개념의 다양한 의미 가운데 현실적 지지를 이끌어낸 쪽은 인성 개념을 포괄적이되 가치개입적인 규범적 의미에 방점을 두고 이해하고자 한 측으로 보인다. 인성교육 연구에서 많은 참고가 이루어진 연구(강선보 외 2008: 276)에 따르면, "인성의 의미를 인간 본성으로 보든, 인간다운 품성이나 인격으로 보든, 인간 본연의 모습으로 보든지 간에, 인성의 의미에는 우리 인간이 지향하고 성취해야 하는 인간다운 면모, 성질, 자질, 품성이라는 의미가 내포되어 있다", "각 관점에서 입장의 차이가 있지만, 결국 인성이라는 용어는 어떠한 맥락에서 사용되더라도 '인간다움에 대한 가치판단'이 내재되어 있다."[7] 이는 〈인성교육진흥법〉 제2조에서 '인성교육'에 대해 인간다운 성품과 역량을 기르는 것을 목적으로 하는 교육을 말한다고 정의함으로써 '인성'을 '인간다운 성품'으로 제시하고 있는 것과 일맥상통한다.

'인간성' 혹은 '인간다움(사람됨)'과 같은 뜻으로 제시된 '인간다운 성품'은 인간으로서 가치를 추구하고 실현해야 할 성품을 뜻하며 인간에게 주어진 본성이나 본질을 의미하지 않는다. 이 때문에 인간다움(사람됨)은 태어난 그대로의 인간을 가리키는 말이 아니며 인간만이 가치를 추구하고 실현하는 삶을 살고 그러한 사람에게서 우리는 인간다움을 발견할 수 있다.(남궁 달화 2013: 7-8) 인간다움을 동물성, 신성과 대비되는 의미와 함께 인간 스스로 설정하고 지향하고자 하는 목표와 목적의식까지 아울러 이해하는 태도는 이미 16세기 르네상스 시대에 '휴머니티' 용어를 통해 나타난다. "르네상스 휴머니즘은 인간의 다차원성을 되살렸다. 인간의 마음이 이성, 의지, 기억, 상상력 등으로 구성되

---

7) 다음 입장 또한 인성 개념을 가치개입적인 규범적 의미에 방점을 두고 이해하고 있다. "인성의 개념을 인간의 마음과 인간됨이라고 풀이할 때, 마음은 그 자체로서는 가치중립적이다. 이에 비해 인간됨은 가치지향적이다. ……. 그러나 필자는 인성이라는 말은 전체적으로 볼 때에 가치어라고 생각한다(특히 '인성'이 교육적 맥락에서 사용될 때 더욱 그러하다)."(남궁 달화 2013: 8)

어 있다는 점을 인정하면서도, 그중에서 이성이 다른 모든 요소들을 지배해야 한다는 전통적인 생각을 받아들이지 않았다. 오히려 마음의 정서적 통일과 그 다양한 측면을 주장하였다. 인간의 다차원성에 대한 이러한 인식은 인간은 유연하다는 주장과 밀접하게 연결되어 있다. 인간은 분명하게 결정된 본질을 가지고 있지 않다."(최종렬 2004: 328) 로고스, 즉 이성이라는 종차를 통해 인간의 본질을 주장했던 아리스토텔레스 또한 인간다움과 무관하지 않을 탁월성에 대해서는 다른 태도를 드러낸다. 그는 『니코마코스 윤리학』 제2권 제1장에서 탁월성의 기원에 대해 서술하면서 그 기원과 성장을 주로 가르침에 두고 있는 '지적 탁월성'과 습관의 결과로 생겨나는 '도덕적 탁월성'을 구분하고 탁월성이라고 부를 만한 것은 모두 우리에게 본성적으로 주어진 것이 아니라, 우리에게서 '생겨난 것'임을 강조한다.(김민수 2014: 185) 이를 볼 때, 〈인성교육진흥법〉에 제시된 인간다운 성품은 본성이 아닌 습관의 결과로 획득되어 각 개인의 다양한 정서, 사고, 말과 행동까지를 통합시키고 있는 습관화된 성품, 즉 '습성'이라 볼 수 있다.

인성 개념이 인간다운 습성이자 성품을 의미하더라도, 어떤 사유들은 자신의 내면을 바르고 건전하게 가꾸고 타인·공동체·자연과 더불어 살아가는 데 필요한 인간다운 성품과 역량을 기르고자 하는 〈인성교육진흥법〉의 목적 성취에 적합하지 않음을 고려해야 한다. 브라이안 노턴(Brian Norton)의 지적처럼 자연의 심미적, 목적적 가치를 인정하여 그 보전을 가능하게 하는 약한(weak) 인간중심주의와 달리, 강한(strong) 인간중심주의로는 환경보전의 문제를 해결할 수 없다.(서울대 철학사상연구소 2013: 404-405) 즉 강한 인간중심주의를 지지하거나 추구하는 사유를 통해서는 자연과 더불어 사는 인간다운 성품도 그것을 실현할 역량의 배양도 기대할 수 없다.

서양의 사유 전통이 인간중심주의적 경향을 간직해왔음은 부정할 수 없는 사실이다. 그리고 인간을 중심으로 삼고 다시 개인을 그 중심에 두는 사유 전통의 기저에는 원자론적(atomistic) 세계관이 자리한다.

> 서양에서 '개인(individual)'이라는 단어는 '더 이상 나눌 수 없다'는 뜻을 가지
> 고 있다. 이 'Individual'은 마치 서양인들이 모든 물질을 쪼개고 쪼갠 다음
> 더 이상 쪼갤 수 없는 존재를 '원자(atom)'라고 부른 것과 유사한 개념이다.
> ……. 결국 개인은 물질의 기본 구성단위인 원자와 같은 개념이다. 서양사회
> 에서 개인은 최소의 독립적인 단위로서 중요한 의미를 지닌다. 그렇기 때문
> 에 서양에서는 개인주의를 매우 중요한 가치로 여긴다.(EBS 〈동과 서〉 제작팀·김
> 명진 2012: 238)

　원자론적 세계관 위에 정초된 모든 사유들이 〈인성교육진흥법〉에서 말하
는 '인간다움'의 실현에 장애가 되지는 않는다. 그럼에도 '인간은 이성적 동
물'이라는 전통 휴머니즘의 규정이 인간을 다른 존재자와 비교하면서 해석하
는 존재자의 형이상학에 근거한다고 비판하고 인간의 본질은 그것을 벗어나
고 해체하는 탈-존(Ek-sistenz)에 있으며 인간은 '거기(Da, 현)'에서 '존재', 그리고
다른 존재자와 공속(共屬)해 '현존재(Dasein)'로 있다는 주장을 통해 휴머니즘의
의미 회복을 꾀하고 있는 하이데거의 이해는 원자론적 세계관 위에 정초된 인
간다움에 대한 반성을 요구한다.(문동규 2017: 150-153)
　게다가 〈인성교육진흥법〉에서 말하는 '인간다움'이 독립성(independence),
개별성(individuality), 유일함(uniqueness), 자기존중감(self-esteem)을 특히 강조하는
미국의 그것과 같을 수도 없음 또한 주의해야 한다. R. Nisbett은 상대적으로
독립적(independent) 사회와 상호의존적(interdependent) 사회의 특징들이 보여주
는 차이를 아래와 같이 크게 네 가지로 나누고 있다.

　① 개인적 행위에 대한 자유 선호 대 집합적 행위에 대한 선호

② 개인의 독특성 추구 대 집단과의 조화로운 어울림 추구

③ 평등과 성취 지위의 추구 대 위계 질서와 귀속 지위의 수용

④ 보편적 행위 규범(모든 사람에게 동일한 행동 원리)에 대한 선호 대 특수적 행위

규범(유형과 종류와 상황에 따른 융통성 있는 행동 원리)에 대한 선호

①과 관련하여 개인의 독특성과 집단 내 조화의 상대적 중요성을 알아보기 위해 ⓐ 개인의 자율성이 보장되고 자율권을 실현할 수 있는 직업, ⓑ 일을 잘 했다고 해서 특정 개인만이 부각되기보다는 모두가 함께 일해야 하는 직업 가운데 하나를 선택하게 했다. 그 결과, 미국, 캐나다, 오스트레일리아, 영국, 네덜란드, 스웨덴 경영자의 90% 이상이 ⓐ를 선택했고 일본이나 싱가포르 경영자는 50% 미만이 ⓐ를 선택했으며 독일, 이탈리아, 벨기에, 프랑스 경영자들의 선택은 이 둘의 중간쯤이었다.(R. Nisbett, 최인철 옮김 2010: 65-66) 우리의 경우, 인성을 말하면서 개인의 능력(ability)만큼이나, 때로는 그보다 더욱 조직의 인화(人和)를 중요한 요소로 거론한다. 이는 적지 않은 변화가 일어났음에도 여전히 개인과 집단 혹은 집합 가운데 후자에 대한 중요성이 강조되는 우리의 문화 전통과 무관하지 않다. 같은 맥락에서 근래 한국사회에서 중시되는 자존감은 우리 문화권의 전통적 덕목 가운데 하나이자 매우 중시되는 겸손의 미덕과 충돌할 가능성이 크다.[8] 이에 우리가 추구할 자존감은 자괴감과 자기애의 양 극단에 치우치지 않는 중용적 마음가짐이자 태도이면서도 겸손함의 미덕을 함께 갖추어야 한다고 말할 수도 있다. 이러한 내용들은 독립성을 중시하

---

8) '자존감'을 처음으로 대중에게 알리고 자존감의 원리를 최초로 명확하게 규명한 심리학자 Nathaniel Branden(김세진 옮김 2003: 461)은 현대 일본을 예로 들어 "부족 사회의 문화는 개성을 깎아내리고 의존성을 부추긴다. 따라서 이런 측면에서 보면 일반적으로 부족 문화는 자존감에 해롭다고 말할 수 있다"고까지 언급함으로써 상호의존성을 중시하는 사회를 비판한다.

는 사회와 상호의존성을 중시하는 사회가 모두 '인간다움'을 강조할 수 있지만, 그 함의가 같을 수는 없음을 보여준다. 독립성과 상호의존성의 중시는 니스벳이 주장하듯이, 해당 사회의 구성원들이 지닌 '생각의 지도(The Geography of Thought)'에 의해 달리 나타나는 특징들이기 때문이다.

4. 도가철학에 근거한 홀리스틱 인성교육의 지향 가치

도가철학에 근거한 홀리스틱 인성교육이 지향할 가치로 어떤 것을 고려할 수 있는가? 〈인성교육진흥법〉이 제시하는 목적 가운데, 타인·공동체·자연과 더불어 살아가는 데 필요한 인간다운 성품과 역량의 배양을 고려할 때, 해당 법의 목적에 부합하는 인성교육의 도달처는 공존(共存, co-existence)의 세상이다. 그러나 자신을 포함하여 타인·공동체·자연과 더불어 살아가는 공생공영(共生共榮)의 공존은 저절로 이루어지지 않으며 낮아진 일방의 가치를 끌어올려 균형을 맞추는 방법을 채택하더라도 그 도달은 쉽지 않다.

2010년 10월 5일 경기도교육청의 공포를 필두로 광주, 서울, 전라북도에서 〈학생인권조례〉가 시행된 이래, 역설적이게도 교권침해, 교권 추락, 교권 보호와 관련된 뉴스가 지면과 방송을 장식하고 있으며 종래 학생 위주였던 침해의 주체는 학부모로 확대되는 실정이다. 그런데 해당 뉴스들을 살펴보면, 교사로서의 권위와 권리를 뜻하는 교권과 학생의 인권이 쌍개념처럼 언급되거나 사용되고 있음을 보게 된다. 〈학생인권조례〉에 따르면, 미성숙하더라도 성인과 마찬가지로 학생에게는 보장되어야 하는 인권이 있으며 그러한 인권은 괴롭힘을 당하는 급우에게도 있다. 이와 같다면, 학생 인권의 쌍개념은 교사로서의 권위와 권리를 뜻하는 교권이 아니라 교사의 인권을 뜻하는 교권이 되어야 한다. 또한 이러한 정의는 학생, 학부모를 비롯한 사회 전반이 그 인식을 공유하고 확산시킴으로써 교육 현장의 공존 실현에 다가서야 한다.

학생과 교사의 개별성, 독립성을 강조하면서 보편적 인권(human rights)의 가치를 일깨우는 개체 중심의 사유 또한 타인·공동체·자연과 더불어 살아가는 목표에 다가서는 유의미한 방법임은 부정할 수 없다. 그러나 인류의 지성사에서 전체성, 상호연결성을 강조하는 다른 사유들이 전자의 한계를 극복할 수 있는 대안으로 제시되는 점, 니스벳의 지적처럼 우리 사회가 상호의존적 특징을 지니고 구성원들의 생각의 지도도 그러하게 구조화되어 있다는 점을 고려하지 않을 수 없다. 우리들은 인류의 지성사를 관통하는 그러한 힘에 이끌린다. 앞서 살펴보았듯이, 도가철학은 전체성, 상호연결성을 강조한다. 또한 차별성을 부정하고 평등성을 강조한다. 이러한 강조는 모두 자신과 타인을 상처입히고 죽게 만드는 길에서 멀어져 온존시키고 살게 만드는 길에 다가서고자 했기 때문이다. 이 때문에 도가철학은 공생공영의 공존을 추구한 대표적 사상이라 할 수 있다. 또한 인성교육과 관련하여 도가철학에는 그 성취를 위한 단서가 존재한다. 필자는 그것을 공존감(共尊感, co-esteem)이라 규정하고자 한다.[9]

노자는 도의 별칭으로 언급된 '하나(一)'를 얻은 후왕(侯王)과 관련하여 다음과 같이 말하고 있다.

---

9) 너새니얼 브랜든(김세진 옮김 2003: 59)은 자존감의 핵심 요소 두 가지를 삶의 도전에 직면했을 때 필요한 기본적 자신감인 '자기 효능감(self-efficacy)'과 자신이 행복을 누릴 만한 가치가 있는 사람이라고 느끼는 '자기 존중(self-respect)'이라 주장한다. 이에 '공존(共尊, co-respect)'이나 '상호 존중(相互 尊重, inter-respect)'과 비교하여 '공존감(共尊感, co-esteem)'의 개념이 '자존감'과의 대비 속에서 그 의미를 보다 분명하게 드러낼 수 있다고 이해된다. 또한 '공존감'은 '자존감'이 그러하듯, '공존(共尊, co-respect)'을 핵심 요소로 한다. EBS 〈동과 서〉 제작팀·김명진(2012: 243)은 "동양사회에서는 타인의 기대에 부응하여 인정을 받으려는 '사회적 존중감(Social esteem)'이 성취에 있어 중요한 동기로 작용한다. 그러나 서양사회에서는 자기 스스로가 이상적 수준에 도달할 때 느낄 수 있는 '자기존중감(Self-esteem)'이 주요 성취동기로 작용한다"라고 함으로써 자기 평가를 통한 '자기 존중감'과 다른 타인의 인정을 통한 '사회적 존중감'을 제시하고 있기도 하다.

그러므로 귀함은 반드시 천함을 뿌리로 삼고, 높음은 반드시 낮음을 기틀로 삼는다.[10]

　귀함의 개념이나 귀하다고 평가하는 대상은 천함의 개념이나 천하다고 평가하는 대상과의 나누어짐 그리고 비교를 통해 이루어진다. 또한 귀하다고 평가했던 대상이 상황의 변화에 의해 천하다는 평가를 받게도 된다. 그러나 위 언급이 대립물의 상생(相生)이나 상호유전(相互流轉)의 의미(김경수 2009: 34)일 뿐이라면, 『노자』 2장의 "有無相生, 難易相成, 長短相較, 高下相傾, 音聲相和, 前後相隨"와 같이 "貴賤相~"이라 했을 것이다. 그런데 노자는 귀함의 뿌리를 천함으로, 높음의 기틀을 낮음으로 말하고 있다. 이어지는 내용이 후왕이 스스로를 낮춘다는 구절이기에, 맥락상 후왕이 자신이 처한 귀함과 높음에 머물지 않고 그것을 가능케 한 뿌리와 기틀인 천함과 낮음에 처함으로써 도리어 참된 귀함과 높음을 얻는다고 이해할 수 있다.[11] 또한 도의 별칭인 '하나'를 얻은 후왕이 스스로를 낮춘 것은 전체성을 통해 백성들과 하나됨으로써 자신을 포함하여 그들까지 모두 높인 것이고 그 결과, 모두 참된 귀함과 높음의 가치를 얻게 된 것이다.[12]

　공존감의 의미는 노자에 비해 전체성의 강조가 보다 부각되는 장자의 철학에서 선명하게 드러난다. 『장자』에는 도가 "있지 않은 곳이 없다[무소부재(無所不在)]"라는 유명한 고사가 등장한다.

---

10)　"故貴必以賤爲本, 高必以下爲基." 『老子』 39장

11)　"是以聖人後其身, 而身先 ; 外其身, 而身存." 『老子』 7장

12)　앞서 밀러가 영원의 철학이 포함하고 있다고 정리한 요소들 가운데, "④ 가치는 실재의 상호연결성을 보고 실감하는 것으로부터 끌어내진다"를 참조.

동곽자가 장자에게 물어 말하기를, "道라 일컫는 것은 어디에 있습니까?" 장자가 대답하길, "있지 않은 곳이 없소." 동곽자가 말하기를, "구체적으로 가르쳐 주십시오." 장자가 대답하기를, "땅강아지나 개미에게 있소." 동곽자가 말하기를, "어찌 그렇게 낮은 것에 있습니까?" 장자가 말하기를, "강아지풀이나 돌피에 있소." 동곽자가 말하기를, "어찌 점점 낮아집니까?" 장자가 말하기를, "기와나 벽돌에 있소." 동곽자가 말하기를, "어찌 점점 심해집니까?" 장자가 말하기를, "똥이나 오줌에 있소." 동곽자는 대꾸를 하지 않았다.[13]

해당 편의 처음부터 일관되고 있듯이, '이것'이나 '저것' 등으로 구분되는 개별 존재자들에 대한 앎을 의미하는 지(知)로는 그것이 비록 뛰어나다고 할지라도 도에 대해 접근하거나 인식할 수 있는 방법이 없다.[14] 그러나 그러한 앎에 갇혀 있는 동곽자는 같은 방법으로 도를 구할 뿐이다. 따라서 장자는 도가 있지 않은 곳이 없는 전체임을 말하고 땅강아지, 개미, 강아지풀, 돌피, 기와, 벽돌, 똥, 오줌에까지 도가 있음을 말함으로써 그것을 마주하고도 알지 못하는 동곽자의 인식 태도를 비판한다.

물론 장자는 동곽자의 인식 태도에 대한 비판과 함께 가치 평가 태도에 대한 비판을 동시에 행하고 있다. 동곽자는 장자가 대답한 땅강아지, 개미, 강아지풀, 돌피, 기와, 벽돌에 대해 귀함이 있을 수 없는 천한 것들로 여기고 있고 이는 그가 만물에 대해 개별 존재자로서의 형태적 구분과 함께 가치 구분까지 행함으로써 '귀함'과 '천함'의 나누어짐을 분명히 할 뿐만 아니라, 자신의 가

---

13) "東郭子問於莊子曰 : "所謂道, 惡乎在?" 莊子曰 : "無所不在." 東郭子曰 : "期而後可." 莊子曰 : "在螻蟻." 曰 : "何其下邪?" 曰 : "在稊稗." 曰 : "何其愈下邪?" 曰 : "在瓦甓." 曰 : "何其愈甚邪?" 曰 : "在屎溺." 東郭子不應."." 『莊子·知北遊』

14) "大知入焉而不知其所窮." 『莊子·知北遊』 이는 '참된 앎'인 대지(大知)가 아닌, 세속적 앎 가운데 '뛰어난 앎'을 의미한다.

치 평가에 문제가 없다고 여기는 것임을 드러내는데, 장자는 끝내 똥, 오줌을 거론하여 그것을 해체시키고 있기 때문이다.

그런데 이러한 비판보다 오히려 시선을 끄는 점이 있다. 전체이자 귀한 도의 의미 가운데 후자에만 집중하여 도를 '귀함'으로 바꿨을 때 나올 장자의 답변이 그것이다. 장자는 분명 "귀함은 있지 않은 곳이 없다"라고 할 것이다. "귀함은 어디에나 있다", 즉 "땅강아지, 개미, 강아지풀, 돌피, 기와, 벽돌, 똥, 오줌 모두가 귀하다"라는 공존감의 부각이다.

『장자·응제왕』에 언급된 열자(列子)와 그 스승인 호자(壺子)의 고사를 통해서도 이러한 공존감이 확인된다. 가르침을 의심하던 열자는 끝내 크게 깨우치는 계기를 통해 개별적 존재자와는 다른 길을 걷게 된다.

> 호자가 말하기를, "아까 나는 애초에 나의 근본이 시작되지도 않은 모습을 드러내었다. 내가 마음을 비우고 세계와 구분되지 않는 모습을 계함에게 보여줬더니, 그는 내가 누구인지 모르게 되었고 따라서 무엇인가 무너져 내린다고 생각하게 되었고 따라서 무엇인가 덮쳐 온다고 생각하게 되었기 때문에 도망친 것이다." 그런 후에 열자는 스스로 애초에 배우지도 않았다고 생각하여 돌아가 삼 년을 나오지 않았다. 그의 아내를 위해 밥을 지었고 돼지를 먹이되 사람을 먹이듯 하였으며 매사에 친근하고 소원함을 따짐이 없었고 질박함으로 돌아가 혼연히 홀로 서서 만물과 뒤섞여 한결같음으로 생을 마쳤다.[15]

비록 우언일지라도, 적어도 지금으로부터 2300년 전의 시대에 지아비가

---

15) "壺子曰 : "鄕吾示之以未始出吾宗. 吾與之虛而委蛇, 不知其誰何, 因以爲弟靡, 因以爲波流, 故逃也." 然後列子自以爲未始學而歸, 三年不出. 爲其妻▨, 食豕如食人. 於事无與親, 雕琢復朴, 塊然獨以其形立. 紛而封哉, 一以是終." 『莊子·應帝王』

아내를 위해 밥을 짓는 일을 맡는 것도 모자라 가축인 돼지를 사람을 먹이듯 봉양하는 태도는 부계 전통과 함께 인간이 금수를 부리는 일이 당연했던 당시 사회에서 너무도 비상식적이기에 열자에 대해 광증에 걸렸다는 소문이 돌았을 지도 모를 일이다. 그러나 열자는 스스로 배움이라 여겼던 이전 위학(為學)의 내용들을 무화(無化)하고 새로운 위도(為道)의 삶을 걸어 집에서 나오지 않은 삼년 사이 전체성의 체험을 통해 친근함과 소원함, 귀함과 천함의 가치 구분을 넘어섰고 그 결과, 나와 연결된 아내가 귀하고 돼지가 귀하고 모두가 귀하다는 공존감을 느끼면서 그들과 공존(共存)했다고 이해된다.

3부
인성교육의 현실과 적용

내러티브 접근법과 연극놀이를 통한 인성교육
대학 인성교육 프로그램과 콘텐츠
대학 글쓰기와 인성 교육

내러티브 접근법과 연극놀이를 통한 인성교육

1. 내러티브 접근법을 활용한 연극놀이의 인성교육적 가치

본 연구는 인성 함양을 실현하기 위해 필자가 대학 교육현장에서 수행한 내러티브 접근법과 연극놀이를 활용한 교과목의 수업 사례를 살펴보는데 있다. 이 수업은 총 6학기 동안 진행되다. 즉 2015년 2학기부터 2016년 2학기까지 30명의 학생들과, 그리고 2017년 2학기부터 2018년 2학기까지 40명의 대학생들이 수업에 참여했다. 필자는 이 수업 사례 연구를 통해 수업 운영 과정 및 결과에 대해 반성하고 개선점을 찾아보고자 하며, 이 수업이 주는 여러 긍정적 효과에 대해 논의함으로써 궁극적으로 연극놀이 수업 운영 경험을 공유·확산하고자 한다.

본 교과목('연극놀이를 통한 인성교육')의 교육 목표는 머리만의 학문으로서 인성교육의 한계를 극복하고, 몸과 마음으로 익히는 삶의 지혜로서의 인성교육을 실시하는 데 있다. 이를 위해 필자가 채택하고 있는 두 가지 교육적 방법론을 상술하면 다음과 같다. 학생 스스로 자신의 인성적 체험을 말하고 쓸 수 있도록 돕는 내러티브 접근과 학생의 이성적 역량뿐만 아니라 자신의 몸과 마음을 학습에 활용할 수 있도록 돕는 연극놀이[1] 체험 학습법이다. 한 마디로 도덕적 경험의 내러티브 접근법과 연극놀이를 활용한 체험적 학습법을 대학 인성교육에 접목한 것이다.

먼저 '도덕적 경험의 내러티브 접근법'은 캐나다 퀘벡의 학자들—낭시 부샤르(Nancy Bouchard)와 루실 르와 뷔로(Lucille Roy Bureau)—이 선도하는 도덕 교육적 방법론이다.[2] 내러티브 접근법이란 기존의 학문, 특히 철학과 윤리학에서 범하고 있는 잘못들을 극복하기 위해 제안된 새로운 교육 방법론이다. 일부 철학자, 윤리학자들이 논리적, 합리적 사고의 가치만을 지나치게 강조함으로써 그들의 연구가 실제적 삶과 그 삶의 체험과는 무관하게 되는 폐단을 초래하였다. 혹자는 이런 추세를 '몸을 상실한 머리만의 학문'이라고 혹평하고 있다. 이런 문제를 극복하기 위해 철학 분야에서는 매킨타이어(McIntyre), 테일러(Taylor), 리쾨르(Ricoeur), 페리(Ferry) 등이, 그리고 심리학 분야에서는 브루너(Bruner), 길리건(Giligan), 라이온스(Lyons) 등이, 교육학 분야에서는 그린(Greene),

---

1) Cf. 김효(1999). "교육연극의 본질: 드라마와 놀이", 연극교육연구 3, 147-148. "프랑스어권에서 '연극놀이(Jeu Dramatique)'라고 불리는 '교육연극'은 영어로는 Educational Theater이나 Educational Drama에 해당하는 것으로 볼 수 있다. 그러나 영어권에서는 드라마와 연극의 개념을 구분하고 이에 따라 Educational Theater와 Educational Drama를 서로 다른 범주로 간주하기도 한다. 그리스어로 'theomai'가 '보다'라는 의미이고, 'theatron'이 '보는 것' 즉 '연극(theater)'인 점을 감안하여, '연극'은 보는 것이 중심이 되는 고전적인 정의에 따른 개념으로 사용하며, 드라마는 행위(action)가 중심이 되는 것으로 받아들이고 있다. (…) Educational Drama는 기능적인 지식을 전수하는 방식의 교육에 대한 대안 교육 방식으로서 체험을 통한 인성도야와 창의성 개발에 중점을 두는, 이른바, '신교육 운동'의 전인적 인간주의적인 교육 이념과 극예술의 특유의 실천적 방법론을 접목하여 탄생한 새로운 극매체 범주를 지칭하는 바, 그 실천적 내용과 의미에서, 프랑스어의 연극놀이(Jeu Dramatique)에 상응한다."

2) 필자는 특히 Nancy Bouchard가 자신의 박사학위 논문을 저서로 출판한 내용(L'éducation morale à l'école. Une approche par le jeu dramatique et l'écriture, Presses de l'Université du Québec, 2000)에서 얻은 많은 교훈과 중등교육의 실제 등을 대학교 인성교육에 적용하였음을 밝혀둔다. 참고로 Bouchard 교수와의 개인적 교류를 통해 필자의 시도에 대한 피드백을 받았고 결과적으로 훌륭한 시도라는 평가도 받았다.

화이트렐(Whiterell), 나딩스(Noddings) 등이, 마지막으로 윤리학 분야에선 태펀(Tappan), 브라운(Brown), 나딩스(Noddings) 등이 집중적으로 연구하고 있다.

이와 같은 다양한 분야—즉 철학, 심리학, 교육학, 윤리학 등—에서 '내러티브 접근법'을 시도하는 까닭은 무엇인가? 그 까닭은 첫째, 자신의 경험을 이야기하는 과정에서 화자로서의 '나'는 자기 자신과 자신의 행동, 그리고 그 행동의 의도와 목적을 올바르게 파악할 수 있기 때문이다(Bouchard 2000: 12 참조). 내러티브 접근법은 자기 자신의 주관적 경험을 스스로 이해하고 해석할 수 있게 돕는다. 이런 의미에서 이야기는 우리의 행동과 타인의 행동을 이해하는 데 중요한 역할을 하는 본질적인 인간 활동으로 이해할 수 있다고 정의하고 있다. 둘째, 자기 자신의 이야기를 한다는 것은 자신이 경험한 다양한 사건을 되살리는 과정이다. 이 과정을 세분하면, (1) 과거 상황을 정리하고, (2) 과거에 어떤 일이 있었는지를 재구성하고, (3) 자신의 입장을 방어하기 위하여 자신이 내린 결정과 행위에 대하여 정당화한다(Bouchard 2000: 12-14 참조). 일련의 이 활동들을 통하여 화자는 자신의 말을 제어하게 되고, 자기의 도덕적 양심의 소리를 듣게 된다. 결국 타인 앞에서 자신이 취한 행동과 결정의 책임을 자각하게 된다. 그리고 자신의 이야기를 주의 깊게 듣고 이해하려는 청중 앞에서 자기가 직접 경험한 도덕적인 이야기를 들려주는 행위를 통해 화자는 그 이야기의 영웅이 되기도 하고 그 이야기의 작가가 되기도 한다. 셋째, 내러티브 접근법을 통한 도덕교육은 학생들에게 주체적인 입장에서 자기가 경험한 도덕적 문제를 스스로 발견하게 하고 자각하게 한다(Bouchard 2000: 14 참조).

결과적으로 본 교과목에서 필자가 인성교육 방법론으로 접목시킨 내러티브 접근법은 어떻게 생각하고 추론하는가에 대한 문제, 즉 머리로만 학습하는 것의 한계를 넘어서서 어떻게 타인과 관계를 맺는가에 대한 문제에, 그리고 논쟁에 있어서 적대적인 관계보다는 상호 신뢰적인 관계를 구축하는 문제에 집중하였다. 무엇보다 학생들의 인성교육을 위해서는 그들이 살아있는 경험을 축적해 가는 존재, 타인과 세계와 끊임없이 관계를 맺고 있는 윤리적 동작주로서 인식할 수 있어야 한다. 그러므로 내러티브 접근법을 활용한 본 교과목에서 학생들은 레비나스와 데리다가 환기시켜준 바와 같이, '우리란 복수의 나'가 아니라 공동체적 연대의식을 공유하는 '우리 자신'임을 깨닫게 된다.

그런데 자기의 살아있는 경험, 특히 도덕적 경험을 타인 앞에서 이야기한다는 것은 결코 쉬운 행위가 아니다. 그래서 이 행위를 자연스럽게 이끌어줄 교육적 장치가 필요하다. 이를 위해 본 교과목에서는 '연극놀이'를 도입했다. 특별히 교육 현장에서 일반적으로 사용하는 '교육연극' 대신 연극놀이란 용어를 사용하는 까닭은, 앞서 각주1에서 밝히고 있듯이 교육연극의 미학적·예술적 성격보다는 놀이적 성격을 강조하는 연극놀이를 선호하기 때문이다. 그 뿐만 아니라 역할놀이와 상황 설정놀이 등을 대학 현장에 적용하면 교육적으로 큰 효과를 얻을 수 있을 것이라는 기대감 때문이다. 예컨대 연극놀이를 통해 대학생들은 이론 수업이나 토론 수업에서 경험할 수 없는 새로운 방식의 표현법과 타인과의 관계를 새롭게 인식하는 법을 발견하게 된다.

부샤르의 연구에서 볼 수 있듯이 놀이를 교육에 도입한 것은 제법 오래된 일이다(Bouchard 2000: 17 참조). 다음과 같은 학자들이 교육적 연극놀이 문제를 다루고 있다(Way, Bolton, Linnell, Heathcote, Demuynck, Ryngaert, Heril et Megrier, Page 등). 부샤르에 따르면, "내러티브 접근법에서와 마찬가지로 연극놀이에서 인간은 본질적으로 창조적이며, 인간은 점차 발전시켜야 할 자신 고유의 목소리를 가지고 있는 존재이다(Bouchard 2000: 18)." 그렇기 때문에 연극놀이를 통해 인간은 자신의 개인적 열망(혹은 동경)들을 알게 되고, 이것들이 자신의 행복과 평안의 요인이 된다는 것을 깨닫게 된다. 단순한 교육적 방법론 이상으로, 연극놀이는 도덕적 경험의 내러티브 접근법을 시도할 수 있는 아주 훌륭한 방식이다.

2. 인성교육 수업운영의 계획

2.1. 수업 운영의 방향

본 교과목을 처음 설계할 당시에는 인성교육 이론 수업과 연극놀이 수업을 1차시와 2차시로 각각 분리하여 구상하였다. 이때는 팀티칭(이론 수업 담당자와 연극놀이 전문가의 협업)을 하였는데, 인성교육의 이론적 영역을 담당할 교수자와 연극놀이를 실제로 진행할 연극놀이 전문가의 역할을 명확히 구분하기 위함이었다. 그러나 연극놀이 담당자와의 논의와 인성교육 관계자 워크숍 등을 통해 이론과 연극놀이 사이의 의도적인 구분보다는 이 둘의 유기적인 결합 혹은 접목이 필요하다는 결론에 도달하였다. 결과적으로 이런 시도는 학생들에게서 좋은 반향을 얻을 수 있었다. 하지만 한 주에 이론과 연극놀이를 모두 소화해야 하는 시간적 한계로 인하여 회고 활동을 충분히 하지 못한 채 수업을 끝내야 하는 문제점은 여전히 해소되지 않았다. 그 뿐만 아니라 이론 교수자의 수업 목표나 의도에 상당히 근접한 연극놀이 활동이 이루어졌지만 불만족스러운 부분이 없지 않았다. 결과적으로 연극놀이 전문가 없이 필자 혼자 이론 수업과 연극 수업을 병행함으로써 'Actor-Teacher'의 역할을 담당하고 있다. 이는 뉴욕 대학교와 뉴욕 시립대학교에서 만난 교육연극 교수들의 충고를 따라서 실행한 것이다.

2.2. 수업 운영의 계획

본 교과목은 궁극적으로 학생의 인성 함양을 교육 목표로 하지만 이론중심 수업이 갖는 한계, 즉 머리로만 학습하는 한계를 극복하고, 학생참여를 극대화함으로써 학생 스스로가 학습 주체가 되고, 수업의 주인공으로서 학습을 스스로 이끌도록 설계되었다. 채택한 교육 방법론으로는 (1) 내러티브 접근법을 활용하여 말하기와 글쓰기('인성일기' 형태로 구체화시킴)를 병행하면서, (2) 교육연극 방법론을 도입하여 학생이 직접 다양한 '연극놀이'에 참여함으로써 '나-타자-세계'라는 삶의 총체적 관계 속에서 자기 자신을 성찰하고, 자신과 타자와의 관계를 맺으며, 사회 속에서 자신의 역할하기 등을 몸으로 체험하는 가운데 자연스럽게 인성 함양의 목표를 달성할 수 있도록 하였다. 본 교과목의 수업 운영 과정은 1단계 '삶의 무대(나의 몸과 마음 일깨우기)', 2단계 '관계 맺기(덕 교육)', 3단계 '상황과 선택(도덕적 딜레마)', 4단계 '우리세대(시민 교육)' 등 4단계로 구성되어 있다. 이것은 교육연극의 방법론을 대학 교양수업에 적용한 것으로 우리 사회 안에서 일어나는 복잡다단한 상황들과 그 상황에서 선택의 문제들을 만나고 그 해결 과정을 경험하며, 이를 통해 바람직한 가치관과 인성을 체화할 수 있도록 한 것이다.

2.3. 연극놀이를 활용한 수업 운영의 과정

본 교과목의 수업 운영의 과정은 4단계로 이루어져 있는데, 1단계는 '삶의 무대(나의 몸과 마음 일깨우기)', 2단계는 '관계 맺기(덕 교육)', 3단계는 '상황과 선택(도덕적 딜레마)', 4단계는 '우리세대(시민 교육)'로 명명했다. 이 과정은 교육연극의 단계를 교양수업에 적용한 것으로 우리 사회 안에서 일어나는 복잡다단한 상황들과 그 상황에서 선택의 문제들을 만나고 그 해결 과정을 경험하며, 이를 통하여 가치관과 인성의 덕목 등을 체화할 수 있도록 한다. 이 학습과정을 구현하는 연극놀이의 과정도 마찬가지로 다음과 같이 4단계가 있다. 이 단계들은 부샤르의 연구결과물을 참조하여 우리나라 현실에 맞게 접목시켰음을 밝혀둔

다(Bouchard 2000: 18-28 참조).[3]

2.4. 연극놀이의 4단계(지각활동, 탐구활동, 현실화, 반성적 회고활동의 단계)

우선 지각활동의 단계는 연극놀이의 첫 단추를 꿰는 과정으로서 학생이 자기 자신과 대면하고, 자신의 세계관을 새롭게 그리고 풍요롭게 하는 준비과정이다. 이 단계에서 연극놀이 활동에 참여할 수 있도록 유연한 정신, 마음 상태를 만든다. 일상적인 수업 형태에서 놀이적 분위기로 넘어가는 단계로서 학생들의 감각을 깨어나게 하여 놀이에 참여하게 하는 단계이고, 다른 학생들과 관계를 맺게 한다. 교수자는 학생의 감각적 기억, 감정, 상상력 등을 환기시킬 그림들과 이야기들, 그리고 상황들을 이용할 수 있다.

그리고 탐구활동의 단계에서는 유희적 상황에서 신체, 목소리, 공간과 물체들을 이용하여 연극적 언어를 배우는 과정이다. 탐구과정을 통하여 학생은 자신의 인격과 욕망들을 연극적 언어의 다양한 요소에 어떻게 적용시킬 수 있을지를 배우게 된다. 이 기회에 교수자는 학생들을 '극중 등장인물'로 변하는 연습을 시키게 된다. 교수자는 여러 다른 상황에서 학생들이 나름대로 반응할 수 있도록 등장인물의 성격을 자세히 설명하여야 한다.

이어서 연극놀이를 현실화하는 활동을 해야 하는데, 이 단계에서는 학생들이 체득한 연극적 발성 및 행동을 활동적인 방식으로 표현할 수 있도록 돕는 과정이다. 이때는 학생들에게 가능한 많은 자유를 허락하여 즉흥적으로 행동할 수 있도록 한다. 이 단계는 연극놀이에 의해 제안된 학습의 중심에 위치

---

3) 부샤르는 캐나다 퀘벡 주 당국의 『중등 교육에서의 극예술 교육 프로그램』(Gouvernement du Québec(1983/1992), *Programme d'études: art dramatique au secondaire, Ministère de l'Education, Direction générale des programmes*)을 기초로 자신의 연구물을 완성하였다.

한다. 또 학생들에게 소통관계를 실감하게 하고, 자신의 견해를 놀이를 통해 표현하게 하고, 개인적 사회적 현실 의식을 능동적으로 표현하게 한다. 교수자는 특정 상황에서 학생들이 즉흥극과 무언극 형태로 놀이할 수 있도록 돕는다.

마지막으로 반성적 회고활동의 단계에서는 연극놀이를 통해 깨달은 것을 표현하게 한다. 연극놀이로 꾸민 특정한 상황과 유사한 자신의 경험도 이야기하게 한다. 지각활동의 단계에서부터 현실화 단계까지는 학생에게 가상적 상황을 연기하게 함으로써 타인들 앞에서 '다른 자기'가 될 수 있는 기회를 제공했다면, 반성적 회고활동 단계에서는 학생이 직접 체험한 상황을 회고할 수 있는 기회를 제공한다. 회고활동은 자신의 이야기를 누군가 주의 깊게 듣고 있음을, 그리고 그 이야기에 대해 누군가가 화답할 수 있다는 것을 느낄 수 있어야 한다.

연극놀이 4단계 가운데 반성적 회고활동 단계가 인성교육 수업에서 가장 중요한 순간이다. 이 단계를 세부적으로 세 부분으로 구분할 수 있다. 첫째, 연극놀이로 꾸민 상황에 대한 학생들의 즉각적인 반응을 표현할 수 있고, 그 상황에 따른 문제들을 분석하도록 짧은 구술회고의 시간을 갖는다. 이때 즉흥극으로 꾸민 내용과 연계된 학생들의 개인적 경험들을 공유하는 시간을 갖는다. 둘째, 연극놀이 자체에 대하여 회고하는 시간을 갖는다. 연극놀이 활동에서 좋았던 점과 부족했던 점 등을 서로 나눔으로써 다음 연극놀이 활동을 더 잘 준비할 수 있다. 셋째, 본 교과목에서 '인성일기'라는 과제 형태로 연극놀이로 꾸민 상황과 유사한 자신의 경험을 연결시켜 일기를 쓰듯이 자연스럽게 글쓰기 회고를 한다. 주의할 점은 학생 스스로 자기의 속 이야기를 토로할 수 있도록 교수-학생 간의 신뢰관계 형성이 선행되어야 한다. 인성일기를 통해서 학생은 자기 자신을 되돌아보게 되고, 자신의 고유한 삶의 경험을 교수자와 소통할 수 있는 기회를 갖는다. 교수자는 학생의 일기를 정성스럽게 읽고, 학생이 자신의 산 경험을 지속적으로 이야기할 수 있도록 격려를 아끼지 않음으로써 학생에게 용기를 주어야 한다. "이야기 활동은 항상 관계성의 상황에서 이루어진다. 즉 자신과 타인과의 대화상황에서 이루어진다. 한 화자가 표명한 말, 문장, 생각, 감정, 행동은 단순히 자신의 독단적 정신활동으로 생성해낸 것이 아니다. 이것들은 오히려 대화상황 가운데서 나온 것이다(Tappan 1991: 12)." 교수자의 답글은 학생에게 자신의 이야기를 듣는 청중이 있다는 사실을 인식시켜준다. "청중의 존재는 화자에게 이야기할 수 있는 용기를 북돋아준다. 화자의 역할은 청중에게 자신의 행동이 왜 정당하고, 자신의 윤리관이 왜 올바른지를 설득시키는 것이다(Tappan&Brown 1989: 195)." 이처럼 교수자는 학생과 수평적 상호관계를 갖는 존재가 되어야 한다.

결론적으로 반성적 회고활동은 다음과 같이 정의할 수 있다. 이는 교육적 효과를 낳는 회고활동이다. 예를 들어 조원들의 소통을 통해 주어진 문제 상황에 대한 실제적 대화가 이루어진다. 그리고 자기이해를 위한 기회를 제공하는 활동이 된다. 인성일기나 연극놀이를 반성적으로 평가하는 글을 통해 자기 스스로를 이해하는 시간을 갖게 된다. 마지막으로, 학생 스스로 성장할 수 있도록 창의적으로 자기를 평가할 수 있는 기회를 제공하는 활동이다.

2.5. 수행과제의 계획

본 교과목의 대표적 과제는 총 3차례에 걸쳐 제출하는 '인성일기'이다. 이 과제는 앞서 설명한 것처럼 학습자와 교수자 사이의 중요한 소통의 도구로 사용된다. 인성에 대한 다양한 경험을 일기형식으로 쓰도록 권장함으로써 과제에 대한 부담을 줄여주는 것이 필요하다. 보고서와 같이 논리적 글쓰기에 부담을 느끼는 학생도 어렵지 않게 자신의 경험을 반성적으로 서술하게 된다. 연극놀이를 통해 촉발된 인성에 대한 자신의 다양한 산 경험을 글쓰기 형식으로 정리함으로써 자신의 숙고과정을 명료화하는 과정이다.

　이는 본 교과목에서 적용하고 있는 내러티브 접근법을 실현하는 과정이기도 하다. 앞서도 언급했듯이 이야기 형식으로 자신의 산 경험을 서술한다는 것은 자신의 행동을 타인의 행동과 반응에 비추어 이해함에 있어서 중요한 역할을 한다. 이는 인성교육에서 강조하는 나-타자-세계의 관계를 총체적으로 이해하고 반성하게 돕는다. 특별히 자기 자신의 살아 있는 경험을 이야기 형식으로 서술한다는 것은 자신이 경험한 다양한 사건을 되살리고 반성하게 하는 과정이다. 그래서 인성일기를 쓰기 위해서는 자신이 경험한 과거 상황을 정리해야 하고, 과거에 어떤 일이 있었는지 자신의 관점에서 재구성해야 하고, 자신의 입장을 방어하기 위하여 자신이 내린 결정과 행위에 대하여 정당화하는 과정을 거친다. 인성일기를 작성하면서 학생들은 자신의 이야기의 '저자되기'를 경험하고 '저자의식'의 관점에 이야기를 재정리하게 된다(이재호 2017: 183 참조). 저자되기는 자신의 경험에 대한 윤리·도덕적 주체로서 자신의 정체성을 곤고히 해주고, 자신의 삶에 대한 책임감을 갖게 해줌으로써 학생의 윤리·도덕적 발전에 도움을 준다. 저자의식은 소크라테스의 명언처럼 "반성하지 않는 삶은 살 가치가 없다"는 사실을 삶의 현장에서 실천하는 길이다. 이처럼 본 교과목의 과제에 해당하는 '인성일기'는 내러티브 접근법을 실제로 적용한 사례이고, 그 결과 적지 않은 교육적 효과를 산출하고 있다.

3. 인성교육에서 연극놀이의 기대효과

　인성교육이 중요하다는 점에는 누구나 동의하고 있지만 대학 교양교육에서의 인성교육은 어렵다. 학생들의 일반적인 반응은 '왜 우리가 인성을 공부해야 해? 우리가 인성이 부족해서?'와 같은 반발이 주류를 이룬다. 게다가

4차 산업혁명 시대에 직면하여 새로운 지식을 학습해야 하는 현실과 경쟁 사회 속에서 끊임없이 타인과 경쟁해야 하는 현실 속에서 한가롭게 인성을 함양한다는 학습 목표는 설득력을 얻기가 어려운 것이 사실이다. 그러나 우리의 현실은 어떠한가? 메스미디어를 통해 보고 듣고 개탄하는 얼마나 많은 사회적 문제가 '인성을 상실한 사람들'에 의해 저질러지고 있는가?

이런 진단은 비록 우리가 AI와 첨단기술 시대에 살고 있지만, 그럼에도 불구하고 '사람다운 사람이 되기 위한'을 교육, 즉 인성교육을 포기할 수 없다는 결론에 도달하게 된다. 그렇다면 인성을 어떻게 가르칠 것인가? 필자는 이 물음 앞에서 많은 숙고와 연구를 통해 학생이 주인공이 되고, 학생이 중심이 되고, 학생이 주도하는 교육이어야만 한다는 결론을 얻게 되었다.

본 교과목이 학생의 인성 함양에 주는 여러 긍정적 영향을 정리하면, 첫째, 자신의 감정에 솔직히 반응하며 자신과의 솔직한 대화를 시도할 수 있었다. 연극이라는 놀이 및 활동을 매개로 지각활동, 탐구활동, 현실화활동, 반성적 회고활동 등 다양한 체험을 간접 경험하였다. '인생은 무대'라는 이론 수업과 연극놀이 활동을 통해 인생이라는 무대 위에서 자신이 맡은 삶의 의미와 무게를 되돌아보는 계기를 가졌다. 둘째, 학생들이 각자 연극 무대의 주인공 또는 등장인물들이 되어 가상의 무대와 주어진 이야기 속에서 함께 소통하는 가운데 상호 협력과 배려, 공감 등 사회적 인성의 덕목을 몸으로 익혔다. 학생이 수업에 참여함으로써 자신이 살아가는 공동체의 중요성과 그 안에서 자신의 역할에 대해 스스로 알아갈 수 있었다. 셋째, 연극 무대라는 가상의 공간을 통해 자신의 삶 속에서의 경험이 진솔하게 표현되고 다양한 감정들의 승화를 경험했다. 또한 경험해보지 못한 여러 상황들에 대한 간접 경험을 통해 나와 다른 처지의 사람들의 삶을 이해하고 역지사지의 입장에서 생각해 볼 수 있는 열린 마음, 공감하고 배려하는 삶의 태도를 배울 수 있었다. 그 결과 학생들은 인성일기를 작성함으로써 내면적으로 성장하는 경험을 하였고, 자기 삶의 주

인공이자 삶의 저자로서 삶을 반성적으로 성찰하였고, 미래의 삶의 주인공의
식을 가질 수 있었다. 이와 같이 필자의 수업 사례를 볼 때, 내러티브 접근의
연극놀이 방법을 활용한 본 교과목은 대학교육에서 효과적으로 활용될 수 있
다고 생각한다. 일반적으로 연극놀이는 초등학교 및 중학교 학생을 대상으로
이루어지는 교육방법이고, 실제로 대학교육에서 연극놀이가 활용되는 경우가
거의 없어 보인다. 그러나 전문적 전공지식을 교육하는 전공보다 좋은 인간
훌륭한 시민을 양성하고자 하는 교양교육에서 연극놀이 방법을 활용한 인성
교육은 충분히 가능하다고 말하고 싶다.

대학 인성교육 프로그램과 콘텐츠
- 동국대학교 경주캠퍼스의 인성교육 프로그램

1. 인성교육의 정의와 주체

인성교육을 어떻게 정의할 수 있을까. 인성을 국가가 교육하고 교육의 내용을 정의할 수 있을까 라는 물음을 던지게 된다. 주지하듯이 2015년 1월에 인성교육진흥법이 제정되었고, 같은 해 7월 21일에 시행되었다. 법안의 내용은 '예, 효, 정직, 책임, 존중, 배려, 소통, 협동' 등의 마음가짐이나 사람됨과 관련되는 핵심적인 가치 또는 덕목을 인성교육의 목표로 제시하고 있다.(이필원 2016: 37) 나아가 인성교육은 "건전하고 올바른 인성을 갖춘 국민을 육성하여 국가사회의 발전에 이바지함"[1]을 목적으로 함을 분명히 제시하고 있다. 결국 인성이란 개인의 성품을 국가가 관리하겠다는 것을 의미한다. 건전함이 무엇인지, 올바름이란 무엇인지를 국가의 발전이란 측면에서 교육시킨다는 지극히 국가주의적인 특성을 볼 수 있다.

인성교육법의 세부내용을 보면 '사람들과의 관계에서 그 사람의 됨됨이가 작용되는 것'으로 이해할 수 있고, 다양한 계층에서 발생하는 사회문제를 학교교육의 틀안에서 해결하려는 단초를 마련하겠다는 의도(이필원 2016 : 37)를 읽

---

1) 인성교육진흥법 [시행 2015.7.21.] [법률 제13004호, 2015.1.20., 제정]

을 수 있다. 하지만 법안을 마련한 의도의 좋고 나쁨을 떠나 인성교육이 필요한 것만은 사실이다. 그것이 개별가정에서 이루어져야 하는 것인지, 공교육의 장에서 담당해야 하는 것인지에 대해 갑론을박할 수는 있지만 가정이나 학교에서 같이 이루어지는 것이 필요하다.

사회의 여러 현상들을 보면, 위의 논의는 별개로 하더라도 인성교육이 어떠한 방식으로든 필요하다는 사회적 공감대는 충분히 형성되어 있다. 기존의 사회적 가치관이 붕괴되고 새로운 가치관이 형성되기 전, 오늘날 우리는 어떠한 삶을 살아가고 있는지, 그리고 앞으로 어떤 삶을 살아가야 할지에 대한 논의는 이미 시작되었다고 할 수 있다. 그러한 고민의 한 흐름이 대학에서 진행하고 있는 인성교육이 아닐까 싶다.

많은 대학들이 나름의 관점에서 인성교육을 시행하고 있거나 계획하고 있다. 대학마다 건학이념이 다르다 보니, 건학이념에 따른 인성교육프로그램을 개발하여 학교마다의 독자성이나 특색을 드러내고자 고민한다. 하지만 현실은 그렇지만은 않은 것 같다. 사실 건학이념은 달라도 인성이란 내용에 있어서는 크게 다를 것이 없기 때문이다. 그래서 대학마다의 인성교육프로그램을 보면 구체적인 시행 프로그램에 있어서의 차이가 보일지언정, 프로그램을 통해 함양하고자 하는 인성의 내용은 대동소이하다. 이러한 관점을 배경으로 하여 동국대학교 경주캠퍼스에서 진행하고 있는 인성교육프로그램과 콘텐츠를 개괄적으로 소개하고자 한다.

2. 동국대학교 경주캠퍼스 인성교육 프로그램 개괄

동국대학교 경주캠퍼스(이하 동국대학교)는 참사람 동국 발전계획의 일환으로 파라미타칼리지 산하기관내에 2017년 2월 참사람인성교육센터을 신설하였다. 인성교육센터는 인성교육 교과 및 비교과 프로그램을 개발하고, 연구하는 기관으로 기능하고 있다. 본 절에서는 동국대학교의 인성교육 프로그램의 이론적 토대는 무엇이며, 구체적으로 운용되는 프로그램에 대한 소개를 중심으로 기술하도록 한다.

동국대학교의 건학이념은 '지혜', '자비', '정진'이다. 이는 불교의 이념을 실현한다는 목적을 분명히 표명한 것이기도 하다. 지혜는 바른 앎과 실천적 지식을 의미한다. 자비는 자신과 타인에 대한 자애와 연민의 덕성을 말한다. 정진은 자신의 인격완성을 위한 끊임없는 노력을 의미한다. 이상의 세 가지 덕목을 오늘날 현실에 비추어 교육모델을 구축하고자 했다.

[표 1 : 참사람인성교육 교육모델 및 핵심덕목]

영역	덕목	최종 지향
지혜	변화 지족 관계	다함께 행복한 동국인
자비	공감 존중 베풂	
정진	성실 책임 인내	

[표 1]에서 보듯이, 동국대학교 인성교육이 지향하는 핵심덕목은 '올바른 관계정립'에 있다. 이는 인성을 어떻게 정의하고 있는가에 대한 내용과도 연결된다. 인성을 이해하는 방식 가운데, 우리가 고려해야 할 것으로 '인간의 본성, 인간성을 무엇으로 볼 것인가'에 따라 그 구성 요소가 도출될 수 있

다는 관점이 있다.(박상완, 박균열 2017: 24) 인성이란 한자로는 人性, 즉 인간다움의 성품을 의미한다. 영어로는 일반적으로 character를 쓴다. 프랑스에서는 caratére보다는 humanité, personnalité를 사용한다.(박상완, 박균열, 2017: 24) character는 개인의 성격이나 기질, 특성에 보다 중점을 두고 이해하는 것을 의미한다면, personality는 인간이 갖는 보편적 성품에 대한 표현일 것이다. 인성교육법에 따르면 "자신의 내면을 바르고 건전하게 가꾸고 타인·공동체·자연과 더불어 살아가는데 필요한 인간다운 성품과 역량"[2]으로 규정한다. 인성이란 개인의 사람됨과 보편적 인간의 인간됨이란 두 가지 축을 중심으로 이해할 때 입체적 이해가 가능할 것이다.

그래서 동국대학교 인성교육은 개인은 타인, 사물, 환경 등과 밀접한 관련을 갖고 있으므로, 개인의 행복과 공동체의 행복을 분리하지 않고 통합적으로 고려하여 '상생'을 핵심키워드로 인성 덕목을 구성하였다.

2.1. 참사람인성교육 프로그램 운영모델

참사람인성교육은 프로그램을 운영하는 모델을 구축하고, 이를 기반으로 교과 및 비교과의 다양한 프로그램을 운영하고 있다. 그 자세한 내용을 제시하면 다음과 같다.

참사람 인성교육 프로그램은 '인지', '경험', '기여', '행복'의 네 범주로 구성되며, 이론과 활동이 병행되는 교과 및 비교과프로그램, 그리고 사회봉사프로그램의 인성교육 체제로 운영되고 있다.

인지의 영역은 교과과정을 통해 바른 인식과 사유, 그리고 이해를 통한 불교적 '정견(正見)'의 확립을 목적으로 한다. 정견이란 팔정도(八正道)의 첫 번째

---

2) 인성교육진흥법 제2조

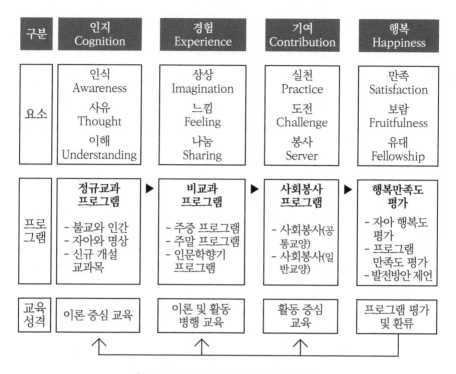

구분	인지 Cognition	경험 Experience	기여 Contribution	행복 Happiness
요소	인식 Awareness 사유 Thought 이해 Understanding	상상 Imagination 느낌 Feeling 나눔 Sharing	실천 Practice 도전 Challenge 봉사 Server	만족 Satisfaction 보람 Fruitfulness 유대 Fellowship

프로
그램
	**정규교과
	프로그램**
	- 불교와 인간
	- 자아와 명상
	- 신규 개설
	  교과목
		**비교과
		프로그램**
		- 주중 프로그램
		- 주말 프로그램
		- 인문학향기
		  프로그램
			**사회봉사
			프로그램**
			- 사회봉사(공
			  통교양)
			- 사회봉사(일
			  반교양)
				**행복만족도
				평가**
				- 자아 행복도
				  평가
				- 프로그램
				  만족도 평가
				- 발전방안 제언

교육 성격	이론 중심 교육	이론 및 활동 병행 교육	활동 중심 교육	프로그램 평가 및 환류

[그림 1 : 인성교육 프로그램 운영모델]

덕목으로서 세계와 자신에 대한 바른 이해를 말한다. 기존의 통념이나 선입견, 편견, 부정적 인식 등에 대한 비판적 사유를 통해 '바른 견해'를 확립하는 이론 중심의 교육 영역이다.

경험의 영역은 다양한 활동을 통해 사물과 사람, 그리고 자신에 대한 느낌을 있는 그대로 받아들이는 수용의 자세를 익힌다. 이를 통해 새로운 시각으로 세상을 바라보는 창발적이고 자유로운 사유를 경험하고, 이를 다른 사람들과 공유하는 활동중심의 교육 영역이다.

기여영역은 교과 및 비교과 과정을 통해 학습한 내용을 실제 실천의 영역에서 부딪혀 보는 영역이다. 새로운 것에 도전해 보고, 그리고 봉사활동을 통해 배운 바 내용을 실천을 통해 확인해 보는 기회를 제공한다.

그리고 마지막으로 행복영역은 이상의 세 가지 영역 활동을 통해 만족과 보람, 그리고 유대감을 기반으로 행복을 직접 경험하는 영역이다. 여기에서 만족은 '소욕지족(少欲知足)'을 그 내용으로 한다. 이는 내가 갖고 있는 현실에 만족하라는 소극적인 의미가 아니라, 왜곡된 욕망을 꿰뚫어 보고, 자신이 추구해야 할 삶의 방향을 위해 적극적으로 실천하면서 느끼는 만족감을 말한다. 그럴 때 자연스럽게 수반되는 것이 바로 '보람'이라는 덕목이 되며, 같이 가는 사람들과의 유대감을 강화할 수 있다.

행복의 영역을 목적으로 하는 인성교육 프로그램에는 중요한 '자아탐색'이라는 과정이 놓여져 있다. 이는 왜곡된 자아 및 부정적 자아를 해체하고, 이를 건강한 자아의 확립으로 이끄는 것을 말한다. 이를 도표로 간략히 제시하면 다음과 같다.

| 인성교육 | → | 자아탐색 | → | 행복의 발견 및 재구성 | → | 행복감 공유 |

3. 동국대학교(경주) 인성교육의 워크북의 구성원리

인성교육 프로그램에 대해서는 자세하게 소개할 필요가 없을 것 같다. 그래서 2절에서 간략한 개요 및 이론적 배경에 대한 설명으로 대신하고자 한다. 이제 동국대학교의 인성교육 콘텐츠를 소개하면서, 프로그램에 대한 소개도 겸하고자 한다.

인성교육콘텐츠는 크게 인성교육 워크북, 참사람인성교육 행복 만족도 문항을 중심으로 소개하도록 한다. 인성교육 프로그램 가운데 교과과정은 기초소양으로 분류된 인성관련 교과목(불교와 인간, 자아와 명상 등)을 통해 이루어지고,

[표 2 : 영역과 교육내용]

영역	덕목	교육내용
지혜(智慧) 자신과 세계의 이해	변화 Change	과거-현재-미래의 자기 모습 성찰 현실에 대한 바른 이해 긍정적 자기 변화의 가능성
	지족 Satisfaction	현재 삶의 의미를 탐색하기 나의 삶의 고유성 찾기 앞으로 해야 할 삶의 행복 찾기
	관계 Relationship	자기의 관계의 방식 이해하기 타인과 관계 맺기의 핵심 찾기 세계 속의 '자기'의 의미 찾기
자비(慈悲) 공존을 위한 열린 마음	공감 Empathy	상대의 말을 경청하기 타인을 받아들이기 위해 자신을 비움 타자가 경험하고 느낀 것에 감응하기
	존중 Respect	자신을 존엄하게 대하고 신뢰하기 타인을 존엄하게 대하고 신뢰하기 차이 및 다양성과 함께 공존하기
	베풂 Sharing	상대의 입장을 이해하기 타인을 배려하고 친절하게 대하기 타인과 나누기를 즐겨하기
정진(精進) 부단한 자기 극복 노력과 실천	성실 Sincerity	지향하는 바를 정성 들여 마음 쏟기 자신의 의지로 마음을 조절하기 지속적 실천을 위해 집중하고 몰입하기
	책임 Responsibility	공정한 잣대로 선택하고 판단하기 자신의 공로와 과실을 정직하게 인정하기 맡은 바 역할 및 의무를 충실히 수행하기
	인내 Tolerance	인내를 통해 성취할 수 있는 목표 확인하기 어려움을 극복할 방안 수립하기 계획한 대로 이행하려 노력하기

비교과 프로그램은 인성교육 워크북의 내용을 중심으로 이루어진다.

워크북은 총 3개의 영역을 단원으로 하여 모두 9개의 주제로 구성되어 있다. 구체적인 워크북 내용 구성은 다음과 같다. 지혜영역은 '자신과 세계를 이해'하는 것을 내용으로 하여, 변화와 지족과 관계를 덕목으로 구성하였다. 자비영역은 '공존을 위한 열린 마음'을 내용을 하여, 공감과 존중, 그리고 베풂을 주요 덕목으로 제시하였다. 그리고 정진영역은 '부단한 자기극복과 노력 그리고 실천'을 내용으로 하여, 성실, 책임, 인내를 주요 덕목으로 하였다. 이는 동국대학교의 건학이념을 현대적으로 재해석한 것으로, 종교를 떠나 현대를 사는 한 구성원으로서 갖추어야 할 덕목을 구체적으로 제시하고, 그에 맞는 교육내용과 활동으로 구성하였다.

그리고 하위 구성요소로서 덕목별 주요 키워드를 3개씩 제시하였다. 워크북에서는 이들 키워드를 적시하지 않았지만, 지도하는 교수들은 키워드를 중심으로 활동을 이끌 수 있도록 하였다.

[표 3 : 덕목별 키워드]

영역	덕목	키워드	덕목	키워드	세부	키워드
지혜 자신과 세계의 이해	변화	성찰	지족	의미	관계	자기
		이해		고유성		타인
		긍정		행복		세계
자비 공존을 위한 열린 마음	공감	경청	존중	자존	베풂	감응
		비움		신뢰		공존
		이해		배려		나눔
정진 부단한 노력과 실천	성실	정성	책임	공정	인내	목표
		의지		정직		극복
		몰입		의무		노력

위의 표에서 제시한 9개의 덕목은 각각 불교적 이념을 현대적으로 재해석

한 것이다. 동국대학교 인성워크북은 기술한 바와 같이 3가지 건학이념을 바탕으로 9개의 덕목을 익히면서, 27개의 실천 내용을 통해 스스로 자신의 인격을 향상시켜나갈 수 있게 구성되어 있다.

[표 4 : 워크북의 세부 구성과 활동 내용]

구성	내용
① 동영상 시청 (글 읽기)	▶ 읽기자료 및 영상자료를 통해 각 덕목에 관련한 활동 소개 ▶ 자료를 보고 느낀 점을 간단히 기록 및 공유
② 활동 1, 2	▶ 활동을 통한 인성 덕목 함양 ▶ 구체적 활동과제 제시 및 활동기록 작성 ▶ 이전 활동을 보완할 수 있는 보충과제 제시 및 활동기록 작성
③ 심화자료	▶ 이전 활동내용을 정리하거나 심화·발전시킬 수 있는 추가 읽기 및 영상자료 제시
④ 명상	▶ 활동내용을 정리하고 사유를 확장시키기 위한 명상기록 작성

이상의 내용으로 구성된 워크북이 갖는 특징은 크게 세 가지로 정리할 수 있다.

첫째, 학생들은 워크북 활용을 통해 학습내용을 기록·정리하고, 교강사는 워크북 지도서를 교수자료 및 지침서로 참고하면서 교육할 수 있다.

둘째, 읽기자료 및 영상자료 등 다양한 매체를 활용하여 학생들의 흥미와 접근성을 높이고 일상생활에서 적용할 수 있도록 작성되었다.

셋째, 학습자의 신체감각을 적극적으로 활용하는 활동 프로그램, 학생들의 참여를 통해 모두가 모두로부터 배우는 '서로 배움(co-learning)' 프로그램, 잠시 머물러 자신을 되돌아보고 사유를 확장하는 명상 프로그램을 전 영역에 배치하였다. 명상프로그램은 활동내용에 따라 다양한 명상법을 적용한다. 하지만 명상에 종교적 색체가 짙게 드러나는 것은 피하고, 누구나 자신을 돌아보고 올바른 정서를 함양하는데 도움이 되는 무채색의 명상을 한다.

4. 동국대학교(경주) 인성교육의 만족지수와 평가도구

4.1 참사람인성교육 행복 만족도 문항 개발

행복 만족도 문항은 비교과 프로그램에 참여한 학생들을 대상으로 만족도를 조사하기 위해 개발한 것이다. 본 만족도 조사는 부탄의 GNH(Gross National Happiness)[3]를 참고하였다. 만족도 문항을 개발함에 있어 부탄의 GNH를 참고한 이유는 단순히 경제 성장을 나타내는 지수가 아니라 인간적 측면, 문화 전통, 사회의 공정 등을 중시하는 내용이 중심이기 때문이다.(양정연 2017 : 45)

> GNH의 핵심 개념은 개발 경제학자들의 전통적인 이론과 효용 함수, 소비 선호, 성향 및 욕구 충족과 같은 측정의 적용에서는 찾을 수 없다. 그것은 물질적 욕구가 일단 충족되고 비물질적인 욕구의 만족이 있고, 정서적이고 영적 성장이 이뤄지는 가운데 행복의 열쇠가 발견될 수 있다는 믿음에 근거한다. 따라서 GNH개념은 부와 행복 사이에 직접적이고 분명한 관계가 있다는 점을 거부하는 것이다. 그러한 관계가 존재한다면, 부유한 국가의 사람들이 세계에서 가장 행복해야 한다는 결론을 내려야 할 것이다. 그러나 우리는 이것이 사실이 아니라는 것을 안다.[4]

이러한 부탄의 GNH를 바탕으로 행복 만족도 문항은 참자들의 주관적 행복감(subjective well-being) 측정할 수 있는 문항으로 구성되었다. 특히 긍정적 정

---

3) 1972년 부탄의 제 4대 국왕인 지그메 싱게 왕축(Jigme Singye Wangchuck)이 GDP를 대체하고자 제안한 '전인적(holistic) 인간' 발전 개념

4) 양정연(2017: 45), Royal Goverment of Bhutan, Bhutan National Human Development - Report 2000, Thimphu, 2000, 16의 내용을 양정연의 논문에서 재인용함.

서와 부정적 정서는 중간 정도의 각성도[5]를 측정하는 문항으로 구성하였다.

문항 구성모델은 참여자의 주관적 행복도와 프로그램 참여의 만족도로 구성되어 있다. 각각 5문항씩 10문항이다. 그 외 정성적 평가를 위한 2개의 문항을 포함 총 12문항이다.

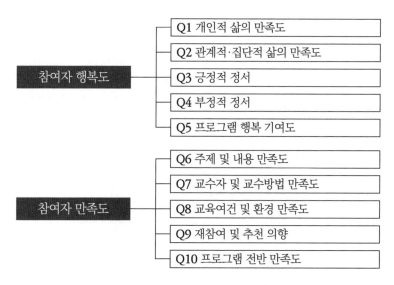

[그림 2 : 만족도 문항의 구성 요소]

문항의 세부 내용은 행복도, 만족도, 정성적 문항의 세 부분으로 구성되어 있다.

---

5) 긍정적 정서를 측정하는 문항에는 '기분 좋은 흥분감', '즐거움' 등의 고각성 긍정적 정서와 '느긋한', '편안한' 등의 저각성 긍정적 정서를 모두 포괄하는 용어인 '긍정적인(행복한)'이라는 용어를 사용하였고, 부정적 정서를 측정하는 문항에는 '짜증나는', '화난' 등의 고각성 부정적 정서와 '무기력한', '피곤한' 등의 저각성 부정적 정서를 모두 포괄하는 용어인 '부정적인(우울한)'이라는 용어를 사용하였다. 각성수준과 쾌차원에 따른 정서 어휘 분류는 Tsai et. al.(2006)과 서은국 외(2011)에 근거하였다.

[표 4 : 만족도 조사 설문 항목]

번호	구분	설문 항목
1	행복도	이 프로그램을 통해 나의 모습에 대한 만족도가 증가하였다.
2		이 프로그램을 통해 주변 사람들과의 관계와 소속 집단에 대한 만족도가 증가하였다.
3		이 프로그램을 통해 긍정적인 감정이 증가하였다.
4		이 프로그램을 통해 부정적인 감정이 증가하였다.
5		이 프로그램이 인성 함양과 행복감 증진에 도움이 된다고 생각한다.
6	만족도	이 프로그램의 주제 및 내용에 대해 만족한다.
7		이 프로그램의 교수자 및 진행방법에 대해 만족한다.
8		이 프로그램의 교육여건 및 환경에 대해 만족한다.
9		이 프로그램에 다시 참여하거나 다른 학우에게 추천할 의향이 있다.
10		이 프로그램에 대해 전반적으로 만족한다.
11	정성적 문항	이 프로그램에서 좋았던 점은?
12		이 프로그램에서 개선해야 할 점은?

4.2 참사람인성교육 프로그램 이수자 결과도구

인성교육프로그램 참가자들에게는 다양한 활동의 결과물들을 제작하여, 제출할 수 있도록 하고 있다. 그 내용은 크게 네 가지이다. 이들 활동에 대한 이론적 배경은 Dale의 경험의 원추(Cone of experience)[6]와 Bruner의 표상양식

---

6) 인간이 하게 되는 경험은 현실 그 자체와 같은 수준인 직접적이고 목적적인 경험에서부터 점차 간접성의 정도가 높아져 마지막에는 언어 기호와 같이 아주 추상적이며 고안된 경험에 이르는 원추의 모양을 이루게 된다는 개념. 시청각 교육의 수준을 분류해주는 데 공헌하였다. 교육학용어사전(1995).

(mode of representation)[7]이론을 참조하였다. 이들 이론에 따라 모든 지식을 고정된 구조로 표현하지 않고, 구체적인 표현과 추상적인 표현을 모두 활용하기 위하여 프로그램과 공모전 결과물의 표현양식을 다각적으로 구성하여 제출하도록 했다.

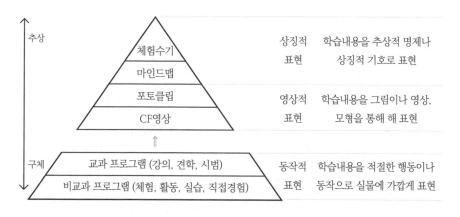

[그림 3 : 결과물 평가 형식]

학기말 인성교육 비교과 프로그램이 종료되면, 참가자들은 각자 원하는 형식을 선택하여 프로그램 참여 후기를 작성하여 제출하게 된다. 주제는 크게 상징적(체험수기, 마인드맵)·영상적(포토클립, CF영상) 표현을 통해 제출하게 된다. 이는 공모의 형식으로 평가를 받고, 그 결과에 따라 장학의 혜택도 받게 된다. 제출 내용의 세부사항은 다음과 같다.

---

7) Bruner의 수업이론에서 인지발달에 대한 3가지 표상양식은 발달수준 또는 연령 증가에 따라 개념, 지식, 아이디어를 이해하는 데에는 실물 그대로를 제시함으로써 이해하는 동작적(enactive) 표상양식에서 영상을 통해서 이해하는 영상적(iconic) 표상양식으로, 그리고 추상적이며 상징적인 명제로 이해하는 상징적(symbolic) 표상양식으로 나아간다. 이러한 관점에서는 학습자가 표상할 환경을 제공할 때 학습자가 소유하는 표상양식에 따라 달리해야 한다. 교육심리학용어사전(2000).

[표 5 : 결과물 평가의 내용]

분야	내용	결과물
체험 수기	▶ 인성교육 프로그램을 통해 내면의 자아를 찾은 감동적인 사연 ▶ 인성교육 프로그램을 통해 타인과 함께 어려움을 극복하거나 삶의 변화를 느낀 사연 ▶ 인성교육 프로그램을 통해 보람을 느끼거나 행복을 느낀 경험이 있는 사연	1080자 이상 작성
마인 드맵	▶ 진정한 '나'를 탐색해가는 체계적인 과정 표현 ▶ 어려움을 극복하고 행복을 찾아가는 과정 표현 ▶ 나만의 고유하고 특색 있는 인성(character) 표현	A4용지 1장 이내 작성
CF 영상	▶ '나와 타자의 행복'과 관련한 모든 주제에 대하여 CF 형식의 영상 제작	영상 제작 및 영상 설명 작성 러닝타임 30초~60초
포토 클립	▶ 인성교육 프로그램을 통해 나 자신을 찾아가고 행복을 느끼는 과정에 대하여 스토리가 있는 사진집 제작	포토클립 제작

동국대학교 경주캠퍼스의 인성교육은 '참사람인성교육'을 지향한다. 참사람이란 지혜와 자비와 정진을 통해 구현된다. 그리고 그것을 한 마디로 표현하면, '세계와 타인과 자신과의 올바른 관계맺기'라고 할 수 있다.

동국대학교는 비교적 늦다고 할 수 있는 2017년 2월 참사람인성교육센터를 설립하였다. 후발주자이지만, 그 이전부터 진행하고 있던 RC교육센터, 사회봉사인증제도, 인성소양교과과정 등을 통해 인성함향을 위한 다양한 활동을 해왔다. 그러한 활동을 하나로 묶어 출발한 것이 '참사람인성교육센터'라고 할 수 있다. 제도적 측면에서는 비록 후발주자이지만, 학교의 건학이념에 따른 다양한 교과 및 비교과의 경험은 소중한 자산이다.

본문에서 제시했듯이, 동국대학교의 인성교육 프로그램은 현재 비교과를 중심으로 진행되고 있다. 일부 교과과정은 이미 이전부터 진행해 오던 '인성

소양'교과목이기에, 인성교육을 위한 전문 교과과정은 아직 개설되지 않았다고 할 수 있다. 앞으로 연구를 통해 이 부분은 해결될 것으로 생각한다.

한편으론 불교 종립학교의 건학이념에 바탕한 인성교육이 종교적 테두리를 넘어서 보편적인 인성함양으로 확대될 수 있도록 하는 것이 앞으로의 과제가 될 것이다. 종립학교란 특성이 인성교육에 너무 짙게 드러워져도 인성교육이 본래 지향하는 바에 적합하지 않을 것이다. 그러한 염려와 고민을 갖고 비교과 활동을 중심으로 진행해오고 있다. 그리고 앞으로 더욱 다양한 비교과 활동과 교과과정 개발 등을 통해 내실있는 인성교육 프로그램과 콘텐츠를 만들어 갈 예정이다.

대학 글쓰기와
인성 교육

1. 공감을 통한 자기 서사 쓰기와 인성교육

최근 우리 사회에는 상상도 할 수 없는 끔찍하고 비극적인 사건들이 끊이질 않고 있다. 가정 폭력과 학대, 패륜범죄, 데이트 폭력 등 가정이 무너지고 사랑의 의미가 퇴색하고 있는 것은 물론이고, 논문 표절, 표지 갈이 등의 학문적 양심과 윤리가 붕괴되고 있는 현상을 심심찮게 접하곤 한다. 뿐만 아니라 경찰, 검사, 공무원, 국회의원 비리같이 공공기관 및 사회 지도층의 윤리의식과 책임감의 부재로 인한 사건들도 비일비재하게 발생하고 있다. 도대체 무엇이 문제인가? 무엇이 이러한 사건들을 부추기는가?

경쟁 중심, 성과주의 사회 구조 속에서 다양한 사회적 갈등이 초래되고, '규범으로서의 역할을 담당했던 도덕적 가치의 위상이 추락'하고 있다. 이는 "인간의 능력 가운데 가장 으뜸가는"(제러미 리프킨,2010:16) 타자에 대한 공감 능력을 약화시키고 있다. 문제는 공감 능력의 부족이 단지 감정적인 측면에서 친밀도가 감소하는 것에 그치지 않는다는 것이다. 자기 자신이나 가족 구성원은 물론이고 일상생활에서 마주치는 '타인', 국가, 지구촌에 모여 사는 모든 존재를 바라보는 방식에 영향을 끼친다(폴 에얼릭,2012). 때문에 현대사회에서 공감 능력의 회복 및 신장은 필수불가결한 것이 되었다.

여기서 공감은 타인의 감정을 공유할 수 있는 능력, 타인이 느끼는 감정을 파악할 수 있는 인지적 능력, 타인의 어려움에 연민을 가지되 사회적으로 이로운 방향으로 반응하는 능력을 수반한다(Decety&Jakson 2004; Hatfield, Rapson & Le, 2014:154에서 재인용). 즉 공감은 인간이 인간과 소통하고 공존할 수 있도록 이어주는 감정으로, 소외를 해소하고, 자신을 있는 그대로 받아들여 가치 있게 생각하도록 하며, 여러 가지 한계로부터 자신을 자유롭게 하고, 개성과 정체성을 갖게 한다(Rogers C. R. 1975). 공감은 타자와의 관계 맺기 및 소통뿐만 아니라 정체성 형성에도 관여한다는 점에서 자기 성찰과 길항한다고 볼 수 있다.

성찰적 글쓰기의 일환으로 많은 대학이 자기 서사 글쓰기를 중요하게 다루는 추세다. '성찰' 혹은 '자기 탐색'이 갖는 의미를 비롯해 다른 글쓰기 장르에 비해 형식이 자유롭고 "다루어야 할 내용이 학생 내부에 존재하므로 내용을 마련하는 데 드는 인지 부담"(박영민 2015:10)이 상대적으로 적기 때문이다. 이러한 자기 서사 글쓰기는 대개 자신의 경험을 바탕으로 수행되어 왔다. 물론 자기 삶의 발자취를 되돌아보고, 그 안에서 진정한 자신을 발견하는 일은 중요하다. 하지만, 타자에게 관심을 갖고 그들의 경험 속에 녹아있는 그들의 감정과 상황에 정서적으로 공감하며 위로할 수 있을 때 자기 존중, 조절, 탐색 등의 자기 서사 글쓰기의 목적을 온전히 성취할 수 있을 것이다.

따라서 이 연구는 인성 함양에 절대적으로 기여하는 '공감'에 주목하여 성찰 중심의 자기 서사 글쓰기의 예비 단계 활동들을 모색해 보고, 이를 실제 수업에 적용하여 글쓰기 수업 안에서 인성교육의 실현 가능성을 타진해 보고자 한다. 구체적으로 첫째, 학습자들이 쉽게 접할 수 있으면서 리듬과 내러티브가 공존하는 노래와 시를 활용하여 타자에게 공감하고 둘째, 공감을 바탕으로 타자를, 자신을 위로하는 단계를 거쳐 셋째, 자기 자신을 성찰하고 탐색하는 글쓰기의 내용을 마련해 보고자 한다.

글쓰기는 그 자체로서 자기표현과 의사소통 도구의 성격을 갖기 때문에 인성의 덕목인 공감과 자기 성찰¹을 실천하는 적절한 매개가 될 수 있다. 또한 공감은 상상을 통해 타자의 입장을 추측하고, 이해할 수 있게 하며, 자기 성찰은 타자의 상황 속에서 진정한 자신의 모습을 발견하고, 삶의 의미를 찾을 수 있다는 점에서 인성 함양을 위해 필수적인 것이기 때문이다.

2. 공감의 개념과 자기 서사 쓰기의 예비 단계

공감의 개념은 공감의 구성 요소를 어떻게 보느냐에 따라 달라지는데, 공감의 구성 요소는 인지적 요소를 강조하는 경우와 정서적 요소를 강조하는 경우, 그리고 인지적 요소와 정서적 요소를 결합한 복합적 요소를 강조하는 경우가 있다. 이 연구는 공감의 구성 요소를 '인지적 요소'와 '정서적 요소'가 결합된 '혼합적 요소'로 보고, 공감의 개념을 타자의 상황이나 감정을 이해하고, 정서적으로 반응할 수 있는 능력으로 정리하고자 한다. 공감이란 타자의 상황, 심리적 감정 상태 등을 추측하고 이해하는 인지적 차원의 기반 위에 타자와 동일한 감정을 느끼거나 그에 적절한 정서적 감정 반응이 더해질 때 형성된다고 보기 때문이다. 이러한 공감의 구성 요소를 바탕으로 다음과 같은 활동 단계들을 구성하여 자기 서사 글쓰기의 예비 단계로 설정하였다.

---

1) 교과 영역이나 학문 영역 그리고 논자들마다 제시하는 인성의 덕목이나 핵심역량은 조금씩 다르다. 대학 글쓰기는 국어교육의 연장이라 볼 수 있기 때문에 본 연구는 국어교육 영역에서 제시하는 인성 핵심역량(자기 존중, 자기 통제, 자기 성찰 등의 개인적 차원, 타인 존중, 공감, 소통 등의 대인 관계적 차원, 책임, 참여의식 등의 공동체 차원)을 인성의 덕목으로 삼았다.

〈'공감'을 통한 자기 서사 글쓰기의 예비 단계〉

도입	상상하기	공감하기	위로하기
● 시낭송 - 즐겨 읽는 시 낭송해 보기 - 시 받아 적기 ● 노래 감상 - 즐겨 듣는 노래 듣기 - 노래 듣고 가사 받아 적기	● 역할 취하기 - 텍스트의 화자가 되어 화자가 처한 상황을 글로 표현해 보기 + ● 감정의 재인 - 텍스트 속 화자의 감정 상태 인지하기	● 감정 공명 - 공감되는 부분 찾기 ● 대리 감정 - 상대방의 상황과 비슷한 감정을 느꼈던 경험 떠올리기	● 입장 전환 - 텍스트 속 화자에게 답가 쓰기

위에 제시한 활동은 학기 초반에 수행하는 것이 효과적이다. 리듬과 내러티브가 공존하는 시나 노래는 학습자들이 쉽게 접할 수 있는 짧은 글이면서, 주로 우리 주변에서 일어나고 있는 일이나 인간의 감정을 표현하고 있다는 측면에서 학습자들의 흥미를 유발하기에 유용한 학습 도구가 될 수 있다. 특히, 대중의 관심사를 가장 직접적이고 적극적으로 반영하는 대중가요는 현실반영성이 강하고, 우리 삶을 가장 빠르게 수용하는 특징이 있다. 또한, 당대 서민들의 지배적인 정서를 가장 잘 대변해 주며, 그 안에는 인간의 다양한 관심과 욕망, 감정 등이 내포되어 있어 공감의 매개체로 적합하다.

먼저, 학습자들은 자신들이 즐겨 듣는 노래나 즐겨 읽는 시를 준비해 함께 감상한 후, 시와 노래 가사를 적어본다. 듣는 것이 분위기 형성 과정이라면, 가사를 적어 보는 것은 내러티브를 파악하는 과정이 된다. 이렇게 분위기가 환기되면 상상을 통해 텍스트의 화자가 되어 화자의 상황과 감정을 추측하여 자신이 인지한 바를 글로 표현해 본다. 즉 가사의 내용이나 상황적 단서를 통해 타자의 감정 상태를 식별하고, 타자와의 역할 취하기를 통해 가사 속에 담겨있는 타자가 체험한 정서적 반응을 추론하여 이를 정리하는 것이다. 이러한 과정에는 지적 추리 능력과 상상력이 동원되며, 여기서 행해지는 글의 형태는 주로 설명적 글쓰기가 된다. 가사에 내재되어 있는 화자의 상황이나 감정에 대해 추측한 내용을 이해하기 쉽게 표현하고 전달하는 것에 목적을 두기 때문이다. 공감은 타자에 대한 관심과 이해에서 시작한다. 노랫말을 통해 화자의 상황이나 입장을 파악하는 것은 타자에 대한 이해의 과정이라 할 수 있다. 타자가 처해 있는 상황과 입장, 그리고 그러한 상황에서 타자가 느끼는 감정과 정서 상태를 정확히 파악할 때 비로소 타자에 대한 이해가 가능해지며, 이는 곧 공감으로 이어질 수 있다.

타자의 입장과 감정을 이해하고 인지하는 과정을 거친 다음엔 가사 혹은 시구에서 공감하는 부분을 찾아보고, 그 이유를 생각해 정리해 본다. 이때 학습자들은 자신의 경험을 투사하면서 타자의 감정 상태를 체험하거나 타자의 감정이 자신에게로 전이되는 것을 경험하게 된다. 즉 공감을 받는 대상과 공감을 하는 대상 사이에서 감정적인 일치가 나타나는 '감정 공명'이나 타자의 감정과 꼭 일치하지는 않지만, 그와 비슷한 경험이나 감정을 떠올리며 자신과 관련짓는 '대리 감정'을 경험한다. '상상하기' 단계에서 설명적 글쓰기를 주로 활용한 데 반해 '공감하기' 단계에서는 표현적 성격이 강한 글쓰기를 진행했다. 상대방에 대한 배려가 마음뿐 아니라 행동으로 나타나야 의미가 있듯이 공감은 타인의 마음을 이해하고 느끼는 것에서 나아가 내가 느낀 감정을 표현할 수 있을 때 의미가 있다. 공감은 인식과 반응이 중요하기 때문에 타자의 감정을 인지하고 반응을 표현하기 위해 글쓰기를 배치한 것이다. 공감은 배워서 되는 것도 아니고, 꾸준한 연습으로 되는 것도 아니다. 오롯이 이해와 관심, 그리고 사유, 경험 등을 통해 체화되는 것이다. 공감을 덕목으로 갖는 인성도 마찬가지이다. 때문에 기술적으로 혹은 지식적으로 무엇인가를 가르치기보다 타자에 대한 이해와 관심, 사유를 자극하고 경험할 수 있게 하는 것이 필요하다. 가사 속에 담겨있는 상황과 비슷한 경험을 떠올리거나, 자신의 감정을 건

드리는 부분, 마음에 와 닿는 표현 등을 골라 그 원인을 찾아가는 과정인 '공감하기' 단계는 학습자들의 사유를 자극하여 타자에게 관심을 갖고 타자를 이해하며, 타자를 통해 자기 자신을 되돌아보거나 직시할 수 있는 계기를 제공한다는 점에서 인성의 덕목인 공감 능력을 키우는 데 도움이 된다.

이렇게 인지적 과정을 거쳐 타자를 이해하고 타자의 감정과 입장을 정서적으로 경험해 봤다면, 이를 토대로 이제는 학습자 자신이 타자가 되어 텍스트 속 화자에게 답가를 써 본다. 이것은 마사 누스바움의 '입장 전환의 사고'에서 착안한 것이다. 누스바움은 공감 능력에 다른 생명체의 관점에서 세계를 볼 수 있는 능력인 '입장 전환의 사고' 능력을 결합시킨다(누스바움 2010:77). 누스바움이 주장한 바와 같이 입장 전환의 사고는 공감을 불러일으키는 데 도움이 된다는 측면에서 이를 바탕으로 한 답가 쓰기를 구성해 본 것이다. 이러한 과정들은 결국, 글의 화제, 내용구성 요인 또는 배경지식이 되어 '자기 서사' 글쓰기에서 구체화된다.

3. 공감을 통한 자기 서사 쓰기의 실제

수업 목표
1. 타자의 감정을 이해하고, 공감할 수 있다.
2. 타자와의 공감을 통해 자아를 탐색하고 성찰한다.
3. 자기 생각을 정확한 문장으로 표현할 수 있다.

위의 수업 목표를 토대로 2017년 1학기 H대학교 〈기초 글쓰기〉 두 분반 60명을 대상으로 '공감'을 통한 성찰적 글쓰기를 진행하였다. 그 결과 전체의 10%가 대상 텍스트로 '시'를 선택했고, 나머지 90%가 '노래'를 선택했다. 시를 선택한 10%는 전원 '시대'와 '사회'의 문제를 다룬 시를 가져왔고, 노래를 선택한 90%는 자신, 가족, 친구, 이별, 사랑에 관한 가사를 가져왔다. 학습자들은 각 단계에서 600자 이내의 짧은 글을 썼는데, 다른 장르에 비해 비교적 단시간에 부담 없이 글을 쓰는 양상을 보였다. 형식이 자유롭고, 자기 생각과 감정을 표현하는 기본적인 글쓰기 형태라는 점, 무엇보다 자신들의 경험을 토대로 하여 학습자들이 흥미를 갖고 쓸 수 있다는 점이 글쓰기의 부담감을 덜어주는 데 기여했을 것이다.

구체적으로 살펴보면, 시를 선택한 학습자들은 시대의 문제를 다룬 작품을 통해 시적 화자가 처한 상황과 심정을 인지하는 과정을 거쳐 이것을 현시대의 자신의 문제로 가져오는 양상을 보였다. 시속 화자의 감정 상태를 대리적으로 느끼거나 자신의 삶을 성찰하기도 하고, 현대 사회 문제에 대처하는 자신의 태도를 반성하며, 어떤 태도로 살아가야 할지에 대해 고민하는 양상을 보였다. 이어 '답가 쓰기'에서는 시적 화자를 위로하거나, 자기 다짐을 통해 자신을 위로하는 내용이 주를 이루었다.

'시'를 선택한 학습자들이 주로 대리 감정의 양상을 보였다면 '노래'를 선택한 학습자들은 감정 공명 77%, 대리 감정 13%로, 대리 감정보다는 가사 속 주인공의 입장에 동화되는 감정 공명 양상을 보였다. 대리 감정 양상을 보인 13%의 학습자들은 '사랑'과 '이별'을 주제로 한 노래에 주목했고, 신뢰, 배려, 그리움, 이별의 아픔 등의 정서에 공감하고 있었다. 반면, 감정 공명 양상을 보인 학습자들이 주목한 주제는 '자신'에 관한 것이 37%로 가장 많았고, 가족 20%, 이별 17%, 친구 15%, 사랑 11%로 우리 주변의 관계와 일상에 관한 것들이 고르게 분포했다. '자신'에 주목한 학습자들은 주로 과거와 현재 자신의 상황을 대변해 주거나, 자신에게 위로가 되는 노래, 또는 자신의 과거를 반성할 수 있게 해 주는 노래에 감정을 이입하여 자기 위로, 성찰, 자기 다짐의 양상을 보였다.

또한, 가족을 다룬 노래에 주목한 학습자들은 대개 할머니나 할아버지를 떠올렸고, 어머니나 가족이란 혈연집단의 특수성에 집중하기도 했다. 의외로 어머니나 아버지보다는 할머니와 할아버지를 떠올린 학습자들이 많았는데, 이는 우리 가족의 변화를 반영한 양상이기도 하다. 맞벌이, 한부모 가족, 조손 가정의 증가로 과거에 비해 조부모의 손에서 양육되는 상황이 많아져 부모보다는 조부모와 연대하는 양상을 보이고 있는 것이다.

'이별'에 주목한 경우는 현재성 보다는 과거의 이별 경험을 떠올렸으며, 이별 후에 겪었던 아픔, 후회의 감정이 주를 이루었다. '친구'에 주목한 경우 대부분 친구와의 추억이나, 힘든 상황에서 위로가 되어 주었던 친구에 대한 고마움의 감정을 표출하였다. 이러한 감정은 성찰적, 탐색적 글쓰기인 '자기 서사' 쓰기에서 구체화되어 나타났다.

〈자기 서사 글쓰기 예비 단계-사례1〉

상상하기→공감하기
이 노래의 주인공은 꿈을 향해 가면서 겪는 좌절과 실수 속에서 자신이 선택한 진로가 맞는지 혼란스러워하고 있다. 개미는 먹이를 찾기 위해 길을 잃기도 하고 방황도 하지만 결국에는 다시 먹이를 찾아 집으로 돌아온다. 이처럼 수많은 어려움과 좌절, 실패에도 그 길은 자신의 길이니까, 다른 길을 가도 언젠가 이 길로 돌아올 테니까 느려도 묵묵하게 끝까지 가겠다는 주인공의 심정을 인지할 수 있었다. 가사의 주인공처럼 나 또한 현재 꿈을 찾기 위해 자유전공학과에 들어왔지만 해보고 싶은 일이 많아 고민하고 있다. 그리고 이런 고민으로 괴로워하고 있다. 내가 이 길을 갔다가 후회하는 것은 아닌지, 혹은 그 길로 갔다가 잘 안 되면 어쩌지 하는 생각에 몇 년을 진로를 정하지 못해 힘들어하고 있었는데, 이 가사가 이런 나의 마음을 대변해 주고 있는 듯했다. 이 노래는 고3 때부터 내가 위로받고 싶을 때 들었던 노래이기도 하다. 길이 험하고 힘들지만 포기하지 않겠다는 주인공의 마음을 배우고 싶기도 하고 같이 위로하고 싶기도 하다.

위로하기
너의 길을 믿고 너의 꿈을 확신하고 그렇게 달려가는 너의 모습이 난 좋아. 우린 다 개미니까 먹이를 찾아 평생을 기어가야 하니까. 지금 우리가 부딪히는 모든 돌도 장애물도 더 많은 먹이를 찾을 수 있게 도와줄 거야. All is your helper. 힘들지. 눈물 나지. 혼란스럽지. 모두 각자의 길을 확신하고 가는 게 아니야. 너는 혼자가 아니야 모두 다 같이 너와 함께 가고 있어. 네가 받는 사랑이 내가 주는 사랑이 그걸 증명하잖아. Just live, don't die 우린 꿈을 계속 좇아가는 어른으로 남자. 이 까만 어둠 속에서도 우린 계속 빛날 거야.

〈사례1〉의 학습자는 방탄소년단의 'Lost'라는 노래에서 상상을 통해 불투명한 미래에 대한 고민과 선택의 어려움, 선택한 꿈을 실현하기 위한 과정에서 부딪치는 시련과 불안감 등의 화자가 처한 상황과 감정을 추출하였다. 그리고는 화자가 처한 상황에 자신의 상황을 대입하여 공감으로 나아갔다. 자신의 과거와 현재 상황을 떠올리며 이 노래의 가사에 자신의 상황과 입장을 투영하고, 이 노래가 자신의 과거와 현재 상황을 대변하고 있다는 점에서 공감을 경험한다. 이러한 공감은 〈사례1〉의 학습자에게 위안을 주고, 미래에 대한 확신과 신념 또한 배우게 하고 있으며 동시에 타자인 노래 주인공을 위로하고 싶다는 감정 즉 타자에 대한 관심까지 불러일으키고 있다. 이는 '위로하기' 단계에서 잘 드러난다. 〈사례1〉의 '위로하기' 양상을 살펴보면, 먼저 학습자는 자신의 심리를 투영하여 노래의 주인공을 격려하고 있다. 그리곤 불안해하는 주인공에게 비유를 통해 긍정적인 에너지와 확신을 부여하며, 주인공을 위로한다. 이러한 과정은 결국 너. 즉 타자가 '우리'로 전환되어 타자에 대한 위로에서 우리에 대한 위로와 다짐으로 귀결된다.

이 학습자뿐만 아니라, '자신'과 관련된 노래를 선택한 학습자들은 대부분

불투명한 미래에 대한 고민과 불안, 위로를 담고 있는 노래들을 선택하는 양상을 보였다. 이는 갓 성인이 된 학습자들의 입장과 상황을 상기해 보면 이해할 수 있는 현상이다. 여기서 주목해야 할 점은 단지, 자신의 처지를 대입하는 데 멈추는 것이 아니라, 자신과 같은 처지에 놓여 있는 대상을 위로하는 단계로 나아간다는 점이다. 물론 이것은 자기 자신에 대한 위로이기도 하지만, 이러한 과정에서 자신이 겪고 있는 혼란이 비단 자신만의 문제가 아니며, 같은 고민을 하는 수많은 타자가 존재한다는 점도 인식할 수 있게 한다. 따라서 학습자들은 자신만의 고민에 홀로 갇혀 있지 않고, 타자에게 눈을 돌려 같은 감정을 공유하고, 이해하며, 공존하는 법을 배우게 되는 것이다.

〈자기 서사 글쓰기 예비 단계-사례2〉

상상하기→공감하기
노래 속 주인공은 어머니와 자신이 처음 만났던 날부터 언젠간 어머니가 자신을 떠나게 될 날을 생각하며 마음 아파하고 있다. 여기에는 그동안 자신에게 헌신적으로 모든 것을 해 주었던 어머니의 모습과 그런 어머니의 마음을 헤아리지 못한 채 당연하게만 받아왔던 자신의 모습, 자라오면서 어머니를 힘들게 했던 죄책감이 포함되어 있다. 또한, 그런 자신 때문에 수없이 눈물 흘렸을 어머니에 대한 미안함이 나타나 있다. '어머니께 받기만 하고 고마움을 몰랐고', '모든 걸 주고 더 주지 못해 아쉬워하시는 어머니께 나는 무엇을 드려야 할지 모르겠다'는 가사가 마음에 와 닿았다. 나 또한 지금껏 엄마에게 받은 모든 것들을 당연하게 생각해왔다. 감사함을 알기는커녕 남들과 비교하며 엄마를 원망한 적도 있다. 남들처럼 예쁘지 않은 엄마, 거칠고 투박한 말투와 지나치게 큰 목소리를 지닌 엄마가 창피해서 일부러 숨기고, 외면했던 적도 있었다. 일하느라 항상 내 곁에 있어 주지 않은 엄마를 미워했다. 그러나 스무 살이 된 지금, 돌이켜보면 엄마의 거친 외모와 말투, 목소리는 연약한 여자의 몸으로 우리를 온전히 키워내기 위해 생긴 훈장 같은 것이었다는 생각이 든다. 당신의 인생은 모두 포기하신 채 우리 3남매를 키우기 위해 험한 일도 마다하지 않으셨던, 또 그러면서 외롭고 힘들었을 어머니를 생각하면 가슴 한구석이 아려온다. 노래 가사처럼 그런 어머니의 희생을 몰랐고, 그 무한한 사랑을 어떻게 갚아야 할지 짐작조차 되지 않는다. 그저 영원한 당신의 막내아들로, 늘

웃을 수 있게 해 드리는 것뿐……

위로하기
처음 너를 만났지. 만나자마자 울었지. 기뻐서 그랬는지 안도감에 그랬는지 수많은 감정이 일더라. 주고 또 주어도 늘 부족하더라. 더 주지 못해 미안하더라. 그래도 너는 내게 웃어 주었다. 아들, 나의 아들 미안해하지 말아라. 잘 자라준 너의 지금이 내겐 큰 선물이란다. 나는 네게 세상을 주었지만 너는 내게 살아갈 이유를 주었다. 너는 내게 가장 소중한 누구보다 사랑스러운 아들이란다.

〈사례2〉는 '어머니'에 대한 미안함과 고마움에 주목하고 있다. 라디의 '엄마'라는 노래를 선택한 〈사례2〉의 학습자는 가사 속에서 드러나는 엄마의 사랑과 그에 보답하지 못하고 사는 자식의 미안해하는 감정에 자신의 감정을 덧대 엄마의 삶을 반추하는 양상을 보인다. 그동안 자신이 엄마에게 가졌던 감정들 속에는 자신의 삶과 엄마의 삶이 반영되어 있다. 엄마에 대한 원망, 미움, 창피함을 가졌던 과거, 엄마를 이해하기 시작하면서 비로소 보인 엄마의 삶의 궤적, 그리고 철없이 눈에 보이는 것들만을 보고 판단하며 가졌던 감정들에 대해 후회하고 있다. 노래에 자신과 엄마의 과거를 투영하였던 〈사례2〉의 학습자 역시 노래의 화자를 통해 자신의 과거를 반추하고, 타자(엄마)를 이해하는 양상을 보인다. '위로하기' 단계에서는 엄마의 입장에서 엄마에게 미안함과 고마움을 느끼며 어쩔 줄 몰라 하는 아들에게 들려주는 답가를 썼다. 상대와 처지를 바꿔 생각하는 과정은 상대를 더 깊게 이해할 수 있고, 그동안

의 자기 행동과 생각을 객관적으로 바라볼 수 있게 한다는 점에서 의미를 찾을 수 있다.

감정 공명은 대상과 동일한 감정을 느낀다는 측면에서 감정이입과 같은 맥락으로 볼 수 있다. 위 사례에서 보이는 바와 같이 감정 공명을 경험하는 학습자들은 대부분 가사의 주인공 즉 타자에게 감정 이입할 때 자신의 고유한 체험을 재현하고 있었다. 학습자들은 타자를 경험하고, 그 경험으로 타자를 인지해 가는 과정에서 자신의 고유한 감정을 발견할 수 있게 된다. 이때 가사 속 주인공으로 대변되는 타자는 학습자 자신의 고유한 인격의 거울 역할을 한다 (A. Fidalgo 외 1991:95; 이은영 2008:108쪽 재인용). 학습자들은 자신을 느끼는 방법을 나와 마주 보고 있는 대상에서 알 수 있게(이은영 2008:108) 되는데, 이는 타자에 대한 공감은 자기 자신에 대한 성찰로 이어질 수 있다는 것을 의미한다. 다음은 앞의 과정을 거쳐 〈사례2〉의 학습자가 쓴 '자기 서사'의 사례이다.

〈자기 서사 사례〉

대부분의 사람에게 엄마는 따뜻한 존재일 것이다. 그러나 나에게 엄마는 조금 특별한 존재이다. 6살쯤에 누군가 자고 있는 나를 깨워 어디론가 데려갔었다. 철 없던 그 시절 나는 엄마와 아빠가 싸우는 모습을 보면서도 계속 졸기만 했었고, 그것이 그대로 이별로 이어질 줄 미처 몰랐다.

그날 이후 엄마는 나에게 아빠가 돈을 벌기 위해 서울에 갔다고 하셨고, 순진했던 나는 초등학생이 되기 전까지 그 말을 믿었다. 초등학교 시절 엄마, 아빠 자랑을 하던 아이들이 부러웠고, 알지도 못하고 나에게 아빠에 관해 물어오는 아이들이 미웠다. 그래서 나는 친구들을 피하게 되었고, 점점 소심한 성격으로 변해갔다. 그러나 다른 아이들에게 뒤처져 보이는 것을 싫어하셨던 엄마는 여러 가지 힘든 일을 하며 나를 종합학원부터 태권도, 피아노 학원에까지 보내 주셨다. 난 태권도 학원에 다니면서 가족이나 배경이 아닌 '나'란 존재 하나만으로도 친구를 사귈 수 있다는 것을 알게 되었고, 그 덕에 내 성격은 다시 활발해졌다.

나는 누나들과 나이가 10살, 7살 차이가 나기 때문에 누나들이 대학교에 들어가고 나서부터는 혼자 밥을 먹고 혼자 잠을 청하기 일쑤였다. 당시 어렸던 나는 그 상황이 너무 싫어 고생하시는 엄마를 원망하기만 했다. 또한 학교에 한 번도

못 오시는 엄마가 밉기도 했다. 그러나 이제 와서 생각해 보면 엄마는 당신의 인생을 버리시고 우리를 위한 삶을 택하신 것이다. 그 때문이었을까? 엄마의 말투는 점점 무뚝뚝해졌고, 목소리는 커져서 누가 들으면 화가 난 것으로 착각할 정도였다.

현재 스무 살 성인이 된 나는 아직도 엄마 앞에선 귀여운 어린아이가 된다. 어린 시절 남들에게 엄마를 숨기기에 급급했던 나는 이제 당당히, 아니 오히려 자랑스럽게 우리 엄마를 소개할 수 있게 되었다. 여기 아들을 위해 당신 인생을 기꺼이 내놓으신 엄마가 계시다고…… 오늘은 어린 시절 무섭기만 했던 엄마의 목소리가 유난히 듣고 싶다.

위 사례는 예비 단계에서 감정이입을 통해 자신의 과거를 반추하면서 정리했던 내용을 구체화하고 있다. 자신의 유년시절을 되돌아보고, 타자에 대한 미움과 부러움에 소심한 성격으로 변했던 원인을 추적해 보면서 그런 자신을 다시 밝게 변화시킨 엄마의 헌신을 발견하고 있다. 또, 엄마에 대한 원망과 미움이 가득했던 과거 속에서 자식을 위해 투박하고 거칠게 변해 갔던 엄마의 모습을 이해하고 있다. 결국, 자신의 과거를 되돌아보며 과거 속에 늘 함께했던 엄마의 삶의 궤적을 동시에 추적하고 있는 양상을 띤다. 이처럼 '나'를 소재로 한 학습자들은 가사의 내용과 비슷한 자신의 경험을 떠올렸고, 그 기억은 현재까지도 각자에게 중요한 경험으로 자리하고 있는 듯했다. 왜냐하면, 떠올린 경험을 중심으로 과거를 소환하고 그 과거를 통해 현재와 미래를 바라보고 있었기 때문이다.

이처럼 공감의 과정을 통해 학습자들은 자신들의 과거 경험이나 현재 상황을 소환하여 자신의 삶을 되돌아보는 양상을 보였으며, 나아가 자신과 함께했던 부모, 가족, 친구 등의 타자를 이해하는 양상을 보였다. 또한, 아픈 가족사, 타자에 대한 미움, 타자에 의한 자신의 상처를 떠올렸던 학습자들은 '입장 바꿔 생각해 보기'와 '위로하기' 단계를 거치면서 타자를 이해하기 시작했고, 자신을 반성하기도 했으며, 자신의 상처를 치유하고 봉합하는 모습을 보이기도 했다. 최종적으로는 이러한 과정에서 글로 표현했던 반응들을 글감으로 삼아 '자기 서사' 글쓰기를 수행하면서 공감의 과정에서 추동되었던 감정들을 정리하고 자기 자신의 민낯을 날 것 그대로 대면하여 진지한 성찰로 나아갔다.

4. 자기 서사 글쓰기, 인성교육으로서의 가능성

앞서도 언급했듯이 인성의 덕목을 이루는 자기 성찰이나 공감은 지식을 통해서 되는 것이 아니라, 타자에 대한 이해와 사유, 경험을 통해 체화하는 것이다. 즉 일방적인 지식을 답습하기보다는 끊임없이 타자에게 관심을 갖고 경험하며 사유하는 과정이 필요하다. 이를 위해 교육 현장에서 교수자가 할 수 있는 일은 그렇게 할 수 있는 환경과 계기를 끊임없이 제공하는 것이다. 따라서 이 연구는 위와 같이 글쓰기를 통해 실천할 수 있는 공감 활동 단계들을 모색하여 타자를 이해하고 경험해 볼 수 있는 장을 마련해 보았다. 글쓰기는 화제를 구체화한 주제를 중심으로 자신의 생각이나 경험을 표현하는 도구라는 점에서 자아와 타자에 대한 생각과 경험을 정리하기에 적절하다고 판단했기 때문이다.

그 결과 감정의 재인과 역할 취하기를 수행하는 '상상하기 단계'는 학습자들이 가사를 통해 타자의 지각적 경험이나 상황을 추론하고, 타자의 감정 상태나 정서적 반응을 인지하면서 타자를 이해하는 데 도움이 되었다. 학습자들은 노랫말을 읽고 들어가며 그 안에 담겨 있는 가사 속 인물이 어떤 상황에 놓여 있는지, 그 상황에서 어떤 감정을 느끼고 있는지를 추측하고, 그런 감정들이 어떻게 표현되고 있는지를 파악했다. 이러한 인지 내용은 타자를 이해하는 데 기여했으며, 다음 단계로 수행되는 '공감하기' 부분에도 관여했다. 타자의 정서 상태를 경험하는 '공감하기 단계'는 '연상'이나 '상상적 전위'를 통해 타자의 상황이나 정서에 부합하는 대리 감정 경험과 타자의 상황을 자신과 관련시켜 보는 감정 공명의 과정에서 학습자들의 정서적인 참여와 공감적 이해에 도움이 되었다. 즉 타자의 입장과 감정을 이해하고 인지한 것을 바탕으로 공감하는 부분을 찾아보고, 그 이유를 생각해 보는 과정은 타자의 상황이나 감정에 부합하는 학습자들의 경험과 감정을 추동하는 역할을 했으며 학습자 자신을 바라보는 매개가 되기도 했다. 나아가 타자의 상황과 감정을 이해한 것을 바탕으로 텍스트 속 타자가 되어 상대에게 답가를 써 보는 '위로하기' 단계는 타자에 대한 공감의 깊이와 구체화에 도움이 되는 동시에 자신에 대한 성찰을 가능하게 했다. 타자에 대한 위로는 자신이 느꼈던 감정이나 경험을 소환하여 타자에 대한 이해뿐만 아니라, 자신에 대한 이해와 위로로 이어지기도 하였다. 자기중심적인 성찰이 아닌 타자와의 관계 속에서 자신의 모습을 돌아볼 수 있게 하였고, 자신의 상처를 치유하거나 트라우마를 극복하는 데 기여했으며, 나아가 희망적인 현재와 미래를 다짐할 수 있도록 하였다.

이러한 구체적인 활동 단계들에서 수행한 내용들은 배경지식이 되어 글의 화제, 주제, 내용구성 요인 등으로 자기 서사 글쓰기의 뼈대가 되었으며, 뚜렷한 주제의식 아래 통일성 있고, 풍부한 내용을 구성하는 데 기여했다. 뿐만 아니라, 대상 텍스트가 자신이 평소 좋아하는 노래나 시라는 점은 화자의 상황과 감정에 몰입하는 데 도움이 되었다. 이러한 몰입 과정과 자기 서사 글쓰기의 장르적 특성, 그리고 피드백을 매개로 한 교수자와의 1:1 소통은 흔히 자신을 드러내거나 표현하는 글쓰기에서 개입할 수 있는 자기 검열의 소지를 일정 부분 불식시키는 역할을 했으며, 이것은 피드백 이후 교수자와 학습자들 간의 친밀감 변화를 통해서도 인지할 수 있었다. 아울러 타자나 타자와의 관계를 통해 자신을 바라보고, 그 시선이 천천히 자신에게로 옮겨 왔기 때문에 자신을 드러내는 것에 대한 거부감이나 부담감을 줄일 수 있었다. 즉 '나'만 느끼는 감정이거나 '나'만 겪은 사건이 아닌 나와 비슷한 경험과 감정을 느꼈던 누군가가 있었다는 그 인식 자체만으로도 자신을 드러내는 것에 대한 거부 감이나 부담감을 어느 정도 덜 수 있었다.

이러한 교육적 효과들은 글쓰기 교육 안에서 인성 함양이 충분히 가능하다는 것을 시사한다. 글쓰기 자체가 도구 교과목으로서의 성격이 강하고, 글감을 전제로 하기 때문에 글을 쓰기 전 글감과 내용을 구축할 수 있는 예비 단계는 필수적이다. 글감과 내용을 마련하는 데는 다양한 접근이 가능하지만, 이 연구는 인성을 함양할 수 있는 '공감'의 과정을 구성하여 활용해 보았다. 글쓰기 수업에 임하는 학습자들이 대학 생활에 첫발을 내딛는 1학년 학생들이라는 점에서 타자와의 공감과 자기 성찰은 그들의 시작에 가장 필요하다고 판단했기 때문이다. 협력학습이 특히 많은 대학 생활에 적응하기 위해서는 타자를 이해하고, 타자와 소통할 수 있는 능력이 필요하다. 뿐만 아니라, 대학은 자신의 미래를 구체화하는 장이라 할 수 있다. 미래를 구체적으로 설계하기 위해 선행되어야 하는 것은 자기 자신에 대한 정확한 파악이며, 또 자기 자신을 정확하게 파악하기 위해서는 자신의 삶에 대한 성찰이 필요하다. 이 연구는 교육을 통해 이러한 점을 실현할 수 있는 방안을 모색하여 실제 수업에 적용해 보면서 자기 자신을 표현하고, 타자와 소통할 수 있는 도구인 글쓰기는 자기 자신을 정확히 인지하고 타자를 이해할 수 있는 능력인 공감 능력과 연계가 가능하다는 결론을 얻을 수 있었다.

참고문헌

1부 인성교육의 개념과 철학

인성교육의 개념과 성품의 탁월성

Aristotle(1920), *Nicomachean Ethics*, tr. by Rackham, H., Loeb Classical Library, Harvard University Press.

_____(2006), *니코마코스 윤리학*, 이창우, 김재홍, 강상진 옮김, 이제이북스.

_____(1926), *Art of Rhetoric*, trans., tr. by Freese, J.H. Loeb Classical Library XXII, Harvard University Press.

_____(1991), *On Rhetoric*, George Kennedy, Oxford University Press.

_____(2017), *수사학/시학*, 천병희 옮김, 숲.

Nussbaum, M.C.(1995), "Human Capabilities, Female Human Beings", M. Nussbaum & J.Glover, eds., *Women, Culture, and Development*, Clarendon Press.

_____(1997), *Cultivating Humanity*, Harvard University Press.

_____(2010), *Not For Profit*, Princeton University.

_____(2017), *Creating Capabilities, 역량의 창조*, 한상연 옮김, 돌베개.

Peterson, Christopher; Seligman, Martin E.P., *Character Strengths and*

Virtues: A Handbook and Classification. Oxford University Press.

Sen, A.(1993), "Capability and Well-being", M.Nussbaum & A.Sen, *The Quality of Life*, Clarendon Press.

_____(2000), *Development as Freedom*, Anchor Books.

Walker, David Ian & Thoma, Stephen J.(2015), *Oxford Research Encyclopedia of Education*, 19 December.

덕윤리의 인성개념과 인성교육의 모형

김태훈(1997). "도덕과에서 인성교육 방안 연구", *도덕윤리과교육*, 8, 274-314.

박종현(2014). *적도 또는 중용사상*, 아카넷,

박효종(2001). "윤리도덕의 위기와 인성교육의 방법", *서울대학교 사범논총*, 제63집, 143-160.

장동익(2017). *덕 윤리: 그 발전과 전망*, 씨아이알.

_____(2019), *덕이론: 그 응용윤리적 전망*, 씨아이알.

Aristoteles(1920). *Nichomachean Ethics*, tr. by Rackham, H., Loeb Classical Library, Harvard university Press,

Jan Steutel, David Carr(1999). "Virtue Ethics and the Virtue Approach to Moral Education", David Carr, Jan Steutel, eds., *Virtue Ethics and Moral Education*, London: Routledge, 3-18.

Hume, David(1978). *A Treatise of Human Nature*, L.A,Selby-Biggy, ed., Oxford: Oxford University Press,

Annas, Julia(2003). "Being Virtuous and Doing the Right Thing", *Proceeding and Addresses of the American Philosophical Association*, 78(2), 61-75.

니체의 아곤 개념과 인성교육

이상엽(2013), "니체와 아곤의 교육", *철학논총* 73집, 새한철학회, 213-237.

장영란(2013), "그리스 종교 축제의 원형적 특성과 탁월성 훈련", *철학논총* 73집, 새한철학회, 281-301.

정낙림(2010), "헤라클레토스 단편 B52에 대한 한 연구 - 놀이 철학의 관점에서", *니체연구* 17집, 한국니체학회, 239-277.

탈레스 외(2010), *소크라테스 이전 철학자들의 단편 선집*, 김인곤 외 7명 옮김, 아카넷.

헤로도토스(2009), *역사*, 천병희 옮김, 숲.

헤시오도스(2009), *신들의 계보*, 천병희 옮김, 숲.

Burckhardt, J.(1957) *Griechische Kulturgeschichte*(1898- 1902), in: *Gesammelte Werke* in Zehn Bände, Bd. IV, Basel.

Fleischer, M.(1988), "Dionysos als Ding an sich. Der Anfang von Nietzsches Philosophie in der ästhetischen Metaphysik der, *Geburt der Tragödie*'", in: *Nietzsche Studien* Bd.17 , 74-90.

Hoyer, T.(2002), *Nietzsche und die Pädagogik. Werk, Biografie und Rezeption*, Würzburg.

Klaus-Detlef, B.(1984), "Die Griechische Tragödie als 'Gesamtkunstwerk' - Anmerkungen zu den musikästhetischen Reflexionen des frühen Nietzsche", in: *Nietzsche Studien* Bd. 13, 156-176.

Liddell/ Scott(1975), Greek-English Lexicon, Oxford: the Clarendon Press.

Nietzsche, F.(1995), *Kritsche Gesamtausgabe*, Colli u.a.(Hg), Berlin u.a.

_____.(1999), Sämtliche Werke. Kritische Studienausgabe in 15 Bänden, hrsg. von G. Colli u.a., München.

Ottmann, H.(1999), *Philosophie und Politik bei Nietzsche*, Berlin.

Salaquarda, J.(1989), "Nietzsches Metaphysikkritik und ihre Vorbereitung durch Schopenhauer", in: *Krisis der Metaphysik*. Günter Abel u.a. (Hg.), Berlin u.a., 258-282.

Wohlfart, G.(1991), *Also sprach Herakleitos Fragment B52 und Nietzsches Heraklit-Rezeption*, Freiburg(Breisgau) u.a.

하이데거의 교육개념과 인성교육의 존재론

박일준(2018). *인공지능 시대, 인간을 묻다*, 동연.

하이데거, 마틴(2005). *이정표1*, 신상희 옮김, 한길사.

휴버트 드레이퍼스(2015). *인터넷의 철학*, 최일만 옮김, 필로소픽.

Damon, Linker(2006). *Heidegger's Revelation: The End of Enlightenment*, in: American Behavioral Scientist, Volume 49. Number 5, January, 733-749.

Gethmann-Siefert, Annemarie und Pöggeler, Otto(1989). *Heidegger und die Praktische Philosophie*, Suhrkamp: Frankfurt am Main.

Heidegger, Martin(1996). *Wegmarken*, Vittorio Klostermann: Frankfurt am Main.

MacHobec, Frank J(1973). *Freud-His Contributions to Modern Thought*, New York.

Miles, Murray(1989). *Heidegger and the question of humanism*, Man and World, Volume 22, 427-451.

2부 인성교육의 원리와 교육

인성교육과 유가의 성학 이념과 교육론

『논어』, 『맹자』, 『대학』, 『중용』,

정태현 · 이성민 공역, 『역주논어주소』, 전통문화연구회, 2014.

김동인 · 지정민 · 여영기 역, 『세주완역논어집주대전』1-4, 한울아카데미, 2009.

정약용(이지형 역주), 『논어고금주』1-5., 사암, 2010.

신오현, 『철학의 철학』, 문학과지성사, 1988.

신오현, 『자아의 철학』, 문학과지성, 1986.

임헌규, 『공자에서 다산 정약용까지』, 파라아카데비, 2019.

임헌규, 『유교인문학의 이념과 방법』, 파라아카데미, 2019.

유가의 인성교육과 사람다움

周易, 論語, 孟子, 荀子, 韓非子, 春秋繁露, 法言, 孟子集註, 與猶堂全書

唐君毅(1986), 中國哲學原論〈原道篇〉, 臺北: 學生書局.

송영배(2004), 동서 철학의 교섭과 동서양 사유 방식의 차이, 서울: 논형.

신정근(2009), 공자씨의 유쾌한 논어, 파주: 사계절출판사.

문병도(1997), "孔孟의 恕의 도덕판단 방법론에 관한 小考", 한국동양철학회, 東洋哲學 8, 169-207.

이선열(2012), "타자 대우의 두 원칙: 관용과 서(恕)", 율곡학회, 栗谷思想研究 24, 73-106.

장승희(2015), "'인성교육진흥법'에서 추구해야 할 인성의 본질과 인성교육의 방향", 한국윤리교육학회, *윤리교육연구* 37, 75-104.

정상봉(2008), "朱熹與丁若鏞對孔子一貫之道的詮釋", 한국중국학회, *國際中國學研究* 11, 287-300.

_____(2014), "다산의 인간관과 孝·弟·慈의 실천", 한국철학사연구회, *한국철학논집* 43, 107-139.

_____(2016), "한국인성교육과 그 철학적 기초", 한국철학사연구회, *한국철학논집* 51, 158-180.

_____(2019), "디지털문화시대에 있어서 "恕"의 철학과 그 의의", 한국유교학회, *유교사상문화연구* 75, 217-243.

도가철학과 홀리스틱 인성교육

Aldous Huxley(2011), *Perennial philosophy*, Nabu Press.

EBS 〈동과 서〉 제작팀·김명진 지음(2012), *EBS 다큐멘터리 동과 서*, 지식채널.

Jan Christiaan Smuts(2014), *Holism and Evolution(Primary Source Edition)*, Nabu Press.

John P. Miller 지음, 김현재 외 역(2000), *홀리스틱 교육과정*, 책사랑.

John P. Miller(2007), *The holistic Curriculum(2nd ed.)*, University of Toronto Press.

R. E. Nisbett, 최인철 옮김(2010), *생각의 지도*, 김영사.

강선보 외(2008), *인성교육*, 양서원.

김경수 역주(2009), *노자역주*, 문사철.

김민수(2014), "'인성교육' 담론에서 '인성' 개념의 근거", *교양교육연구* 8(4), 한국교양교육학회, 169-206.

김현수(2011), "道家哲學의 混沌과 昏亂", *철학·사상·문화* 12, 동서사상연구소, 1-32.

김현수(2016), "莊子의 '道通爲一'에 근거한 트랜스퍼스널 마음치유 프로그램 개발의 가능성 - 홀리스틱 세계관에 기반한 ILP, MBSR과의 비교를 중심으로 -", *도교문화연구* 44, 한국도교문화학회, 65-89.

김현수(2017), "老子哲學의 전체성 회복으로서 養生의 이해와 분기", *도교문화연구* 47, 한국도교문화학회, 9-31.

남궁 달화 지음(2013), *인성교육론*, 문음사.

너새니얼 브랜든 지음, 김세진 옮김(2003), *자존감의 여섯 기둥*, 교양인.

문동규(2017), "'인간의 인간다움' : '교양교육'의 지향점-휴머니즘에 대한 하이데거의 사유를 중심으로", *범한철학* 87, 범한철학회, 141-167.

서울대 철학사상연구소 엮음(2013), *처음 읽는 윤리학*, 동녘.

유병열 외(2012), *인성교육의 체계화 연구*, 서울특별시교육연구정보원.

최종렬(2004), "과학, 도덕학, 미학의 역사적 관계-고대 그리스 사상에서 르네상스 휴머니즘까지", *사회와 이론* 4, 한국이론사회학회, 267-339.

홍석영(2013), "인성 개념 및 인성의 교육 가능성에 대한 고찰", 중등교육연구 25, 경상대 중등교육연구소, 183-198.

3부 인성교육의 현실과 적용

내러티브 접근법과 연극놀이를 통한 인성교육

김향인(2001). "내러티브 스토리텔링을 통한 초등도덕교육", 초등도덕교육 7, 75-98.

김효(1999). "교육연극의 본질-드라마와 놀이-", 연극교육연구 3, 147-178.

박영선(2017). "예술과 교육", 문화와 융합 39(5), 121-148.

손윤락(2018). "아리스토텔레스에 있어서 '소통하는 시민' 개념", 서양고대사연구 52, 11-39.

이재호(2017), "내러티브 접근에서의 도덕성 발달과 도덕교육: 태펀(M.B. Tappan)의 관점을 중심으로", 초등도덕교육 58, 175-198.

이재호(2015). "내러티브와 도덕과교육", 학습자중심교과교육연구 15(1), 27-43.

Bouchard, Nancy(2000). L'éducation morale à l'école. Une approche par le jeu dramatique et l'écriture, Presses de l'Université du Québec, 2000.

Gouvernement du Québec(1983/1992). Programme d'études: art dramatique au secondaire, Ministère de l'Education, Direction générale des programmes.

Tappan, M. B.(1991). "Narrative, Authorship, and the Development of Moral Authority", in Tappan, M. B. & Packer, M. J.(dir.). Narrative and Storytelling: implication for understanding moral development, New directions for child development, 54, San Francisco, Cal., Jossey-Bass, 5-26.

Tappan, M. B. & Brown L. M.(1989). "Stories told and lessons learned:

Toward a narrative approach to moral development and moral education", Harvard educational review, Vol. 59, 182-205.

대학 인성교육 프로그램과 콘텐츠

박상완, 박균열(2017) "학교 인성교육의 의미와 인성교육정책 개선 방안 탐색 : 프랑스의 인성교육 사례를 중심으로", *교육행정학연구* 제35권 제 2호, 21-44.

서울대교육연구소 편(1995), *교육학용어사전*, 하우

서은국 외(2011), "단축형 행복 척도(COMOSWB)개발 및 타당화", *한국심리학회지: 사회 및 성격*, 한국심리학회, 95-113

양정연(2017) "행복 교육을 위한 불교적 모델 검토-부탄의 GNH와 학교 교육을 중심으로", *철학논집* 제50집, 43-65.

이필원(2016), "초기불교의 인성교육적 특성 고찰-불교와 인성교육의 도덕적 원리의 상관성을 중심으로", *불교학보* 제76집, 35-58

한국교육심리학회 편(2000), *교육심리학용어사전*, 학지사

Tsai et. al.(2006) "Cultural variation in affect valuation". *Journal of personality and social psychology*, 90(2), 288-307

대학 글쓰기와 인성 교육

박영민(2015), "인성 교육 실현을 위한 작문 교육의 실천적 방법", *작문연구*27, 한국작문학회, 1-20.

이준 외(2014), "공감기반 학습모형 개발연구", *교원교육* 30(4), 한국교원대학교 교육연구원, 151-177.

Jeremy Rifkin, (The)empathic civilization, 이경남 역(2010). 공감의 시대, 민음
사.

Martha Nussbaum(2010), *Not for profit*, 우석영 역(2011), 공부를 넘어 교육으
로, 궁리.

Paul R. Ehrlich 외, Humanity on a tightrope, 고기탁 역(2012). 공감의 진화,
에이도스.

Rogers C. R(1975). "Empathic: An unappreciated way of being", The
Counseling Psychologist 5, 2-10.

문화융합총서 001

인성교육, 인문융합을 만나다

발행일	2019년 12월 26일
지은이	장영란 · 장동익 · 정낙림 · 서동은 · 임헌규
	정상봉 · 김현수 · 전종윤 · 이필원 · 손혜숙
펴낸이	이정수
책임 편집	최민서·신지항
펴낸곳	연경문화사
등록	1-995호
주소	서울시 강서구 양천로 551-24 한화비즈메트로 2차 807호
대표전화	02-332-3923
팩시밀리	02-332-3928
이메일	ykmedia@naver.com
값	18,000원
ISBN	978-89-8298-193-7 (94080)
	978-89-8298-192-0 (94080) (세트)

이 도서의 국립중앙도서관 출판예정도서목록(CIP)은 서지정보유통지원시스템 홈페이지 (http://seoji.nl.go.kr)와 국가자료종합목록 구축시스템(http://kolis-net.nl.go.kr)에서 이용하실 수 있습니다. (CIP제어번호 : CIP2019053124)